これならわかる

ユダヤ教・キリスト教・イスラーム

一神教の世界

児玉浩憲

花伝社

これならわかる一神教の世界——ユダヤ教・キリスト教・イスラーム◆目次

第2章 キリスト教 矛盾を塗りこめ独自色 97

まえがき

草木の少ない荒れ野で始まったユダヤ教などの唯一神には、緑豊かな国に育った日本人は空恐ろしささえ感じてきた。昔から〝触らぬ神に祟《たた》りなし〟と聞かされていれば、「うっかり変なものに取りつかれたら大変！」と身がまえてしまうのも無理はない。

しかし最近の世界情勢を見聞きするにつけ、〝一神教三兄弟〟のユダヤ教、キリスト教、イスラームを傍観しているわけには行かなくなった。重大な国際紛争には必ずといってよいほど、その教徒たちが深くかかわっているからだ。

そこでこの本では、勇気を出して「ヤハウェ」とか「アッラー」と呼ばれる〝唯一の創造神〟の正体に迫ってみることにした。どうやらこの神は、人間の不安や民族、国家のことまで気遣ってくれる心優しい性格の持ち主らしい。それなのに〝触れば神は不透明〟という感じが残るのは、仏教など東洋の思想とは違って、すっきりした筋が通っていないからに違いない。

ともかくも世界の宗教人口の比率は、トップのキリスト教が三三％、二位のイスラームが一九％で、以下にヒンズー教一三％、仏教六％などと続いている。世界人口は七十億人というから、キリスト教徒は二十三億人、イスラーム教徒が十三億人もいることになる。

この二つの宗教は、どうしてこんなに驚異的な繁栄を遂げたのだろうか。きっと草創期から賢者たちが様々な工夫をこらし、人知れぬ仕掛けを埋め込み、その後継者たちも時代に応じた対処法で乗り切ってきたからであろう。

キリスト教とイスラームは、長い歴史をもつユダヤ教から派生した新宗教であった。中でもキリスト教はユダヤ教の聖書を「旧約聖書」と呼びかえて、今もまるまる流用している。またイスラームの啓典には「クルアーン」(コーラン)のほか、ユダヤ教の聖書の「モーセ五書」やキリスト教の新約聖書の「福音書」四つが含まれる。

こんなに親しい間柄だけに、近親憎悪とも見られる抗争が絶えない。この二十年ほどの間だけでも中東湾岸戦争、アメリカの同時多発テロ事件、アメリカ軍によるアフガニスタン攻撃やイラク戦争……と続いた。また、世界各地に散らばっているユダヤ教徒は、合わせても日本人口の一割程度なのに、イスラエル・パレスチナ紛争では民族の主張をかたくなに押し通す。

どうして一神教三兄弟は、こんなにも激しい対立を繰り返し、殺し合わなければならないのか。かつては西ヨーロッパでキリスト教徒同士の内戦が三十年とか百年とか続いたこともある。あるいはローマカトリック教会が音頭をとって、足かけ三世紀も十字軍を中東に派遣してイスラームを痛めつけた。お互いの教義に許しがたい差異があるのに違いない。

そしていま地中海を取り巻くアラブ諸国では、自国の独裁的な長期政権に対して国民の抗議活動が続いている。チュニジアに始まった〝アラブの春〟は、エジプトではムバラク政権を、リビアではカダフィ政権を倒し、シリアなどへも波及した。

以前からイスラーム法学者は国の最高権力者に対して「神に統治を任された者は、自分の欲望や怒りに従って統治してはならない」「身近にいる者も、遠くにいて見知らぬ者も平等に扱え」「最後の審判の日に最も幸せな者は、現世で人々を幸せにした統治者である」と諭してきた。しかしいったん権力を握ってしまえば、神の裁きなどどうでもいいらしい。

「アブラハムの宗教」と総称されるユダヤ教、キリスト教、イスラームがそれぞれ「どんな経過で誕生したのか」「教義の本質は何なのか」「どのように変容したのか」を浮き彫りにして、互いの違いが比較できるようにまとめてみた。さらに第4章では、一神教の〝熱狂ぶり〟と対比させるために〝神に頼らぬ〟仏教を取り上げた。

世界の宗教を語った本は、あまりに学術的すぎたり、逆に断片をつまみ食いしたようなものが多かったが、小冊子ながら一貫性のある読み物をめざした。新聞や雑誌のコラム記事に倣って、見開き2ページ読み切り方式で統一したのも、読みやすさを重視したためである。

さあ、一神教三兄弟が共有する元祖「聖書」の斜め読みから始めよう。これならダブりが少なく、退屈して途中で投げ出したりせずに通読できるはずだ。

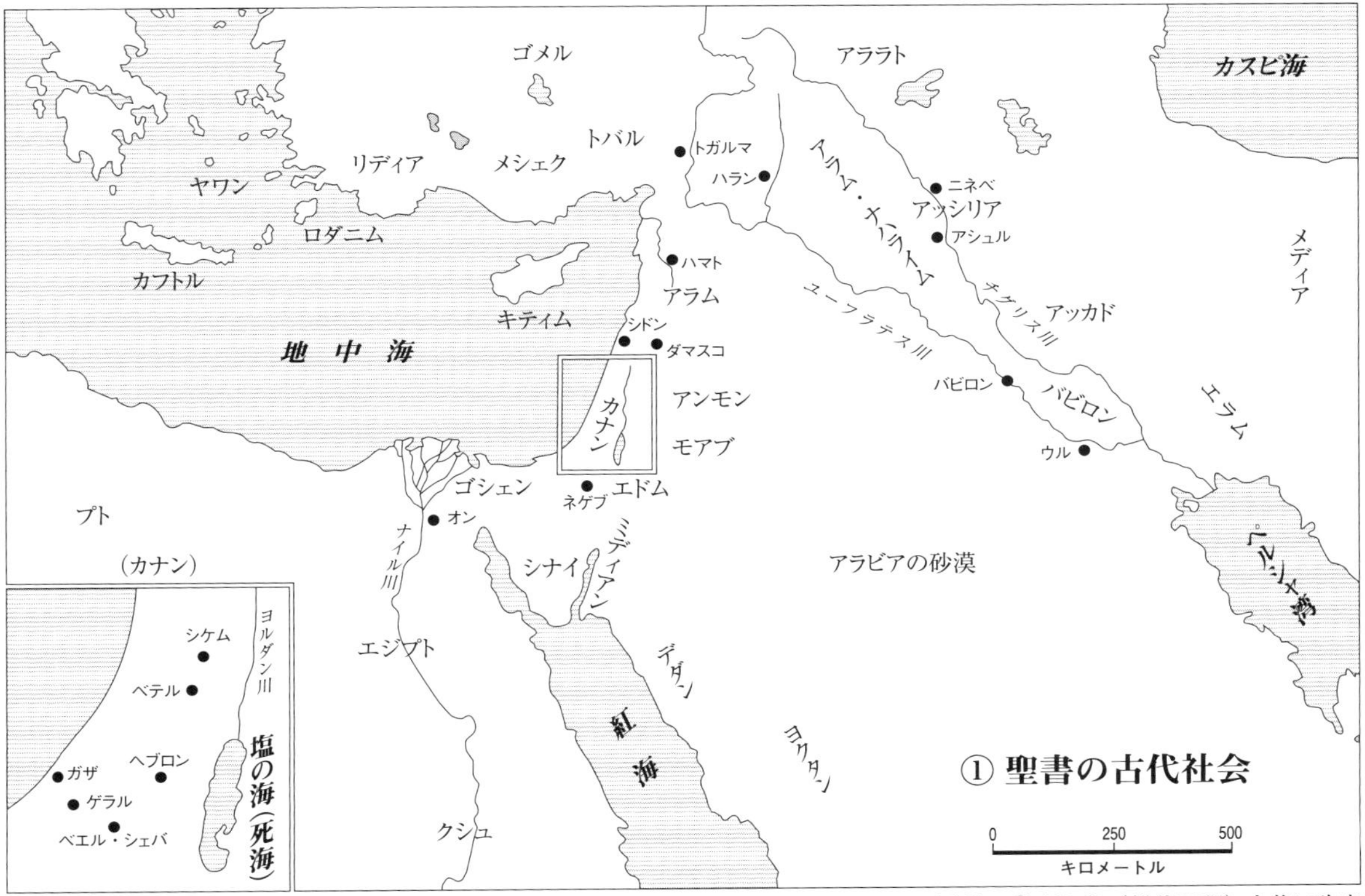

① 聖書の古代社会

※図①～⑤は聖書（新共同訳）を基に改変

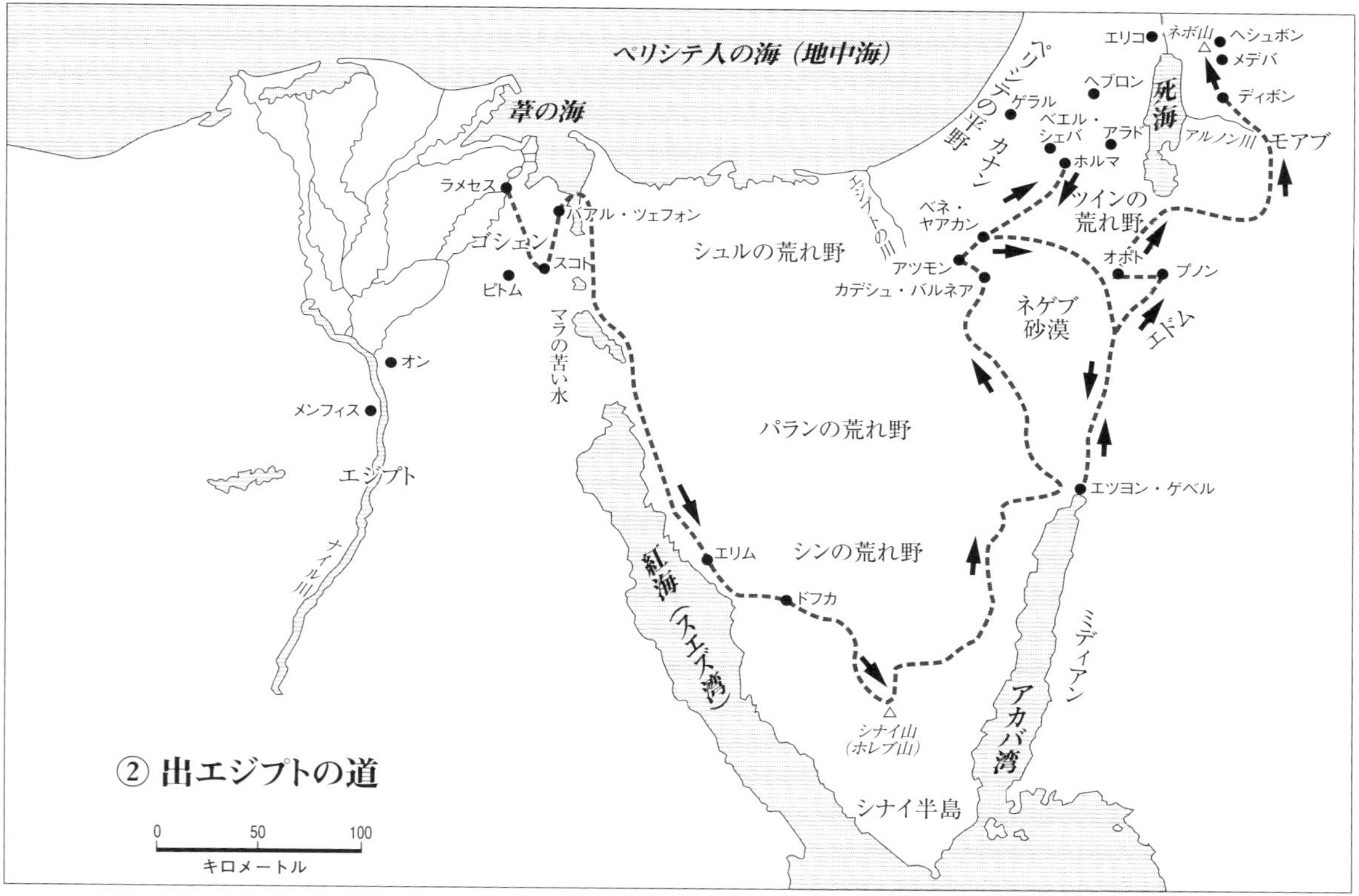
② 出エジプトの道
0
50
100
キロメートル
ペリシテ人の海（地中海）
葦の海
ラメセス
ゴシェン
ピトム
スコト
バアル・ツェフォン
マラの苦い水
オン
メンフィス
エジプト
ナイル川
紅海（スエズ湾）
エリム
ドフカ
シナイ山（ホレブ山）
シナイ半島
アカバ湾
ミディアン
シュルの荒れ野
パランの荒れ野
シンの荒れ野
エジプトの川
ペリシテの平野
カナン
ゲラル
ヘブロン
ベエル・シェバ
アラド
ホルマ
ベネ・ヤアカン
アツモン
カデシュ・バルネア
ツインの荒れ野
ネゲブ砂漠
オボト
プノン
エドム
エツヨン・ゲベル
死海
エリコ
ネボ山
ヘシュボン
メデバ
ディボン
アルノン川
モアブ

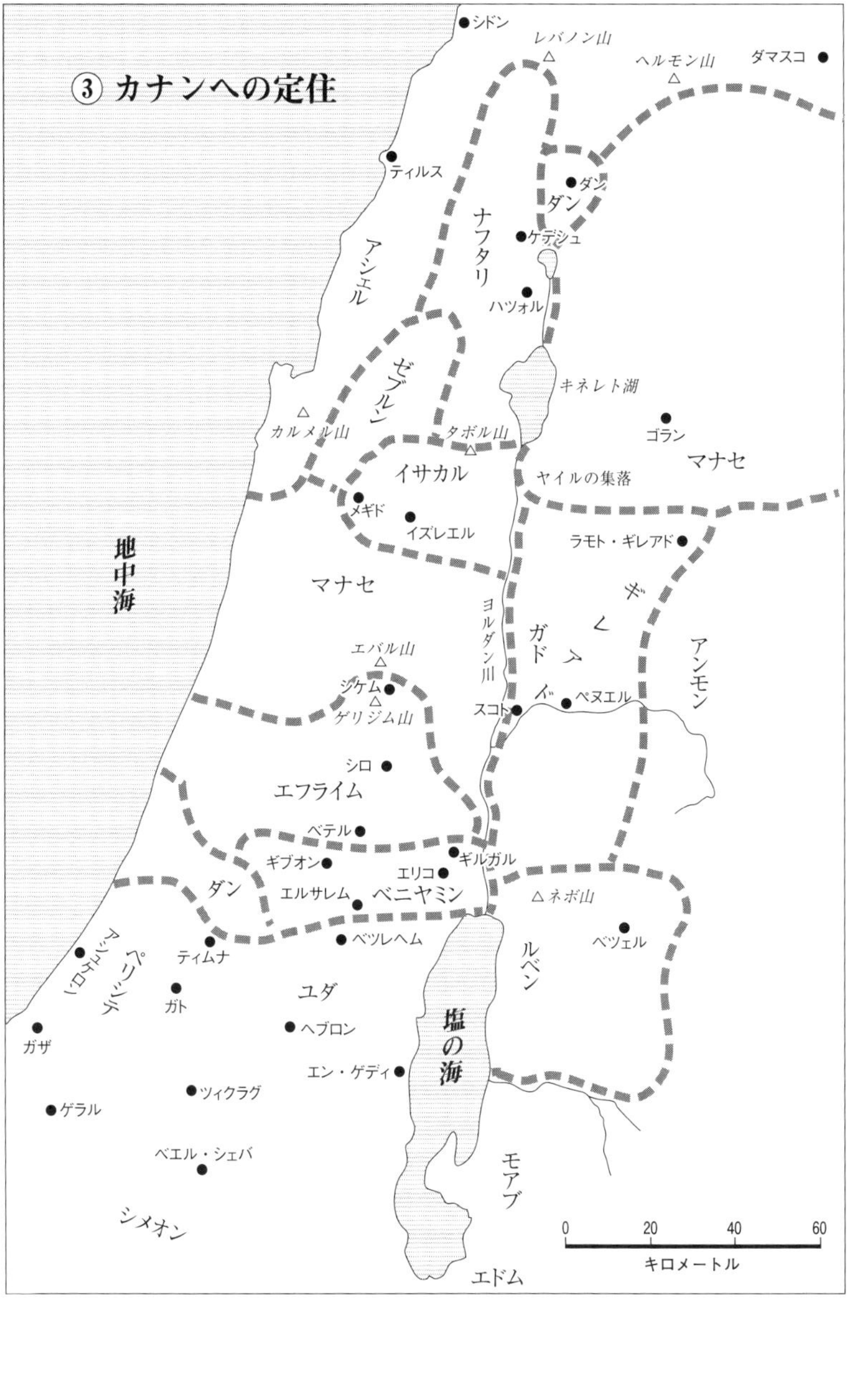
③ カナンへの定住
シドン
レバノン山
ヘルモン山
ダマスコ
ティルス
ダン
ダン
ナフタリ
ケデシュ
アシェル
ハツォル
ゼブルン
キネレト湖
カルメル山
タボル山
ゴラン
マナセ
イサカル
ヤイルの集落
メギド
イズレエル
ラモト・ギレアド
地中海
マナセ
ギレアド
ガド
ヨルダン川
アンモン
エバル山
シケム
ゲリジム山
スコト
ペヌエル
シロ
エフライム
ベテル
ギルガル
ギブオン
エリコ
ダン
エルサレム
ベニヤミン
ネボ山
ベツレヘム
ベツェル
ティムナ
アシュケロン
ペリシテ
ルベン
ガト
ユダ
ガザ
ヘブロン
塩の海
エン・ゲディ
ツィクラグ
ゲラル
ベエル・シェバ
モアブ
シメオン
0
20
40
60
キロメートル
エドム

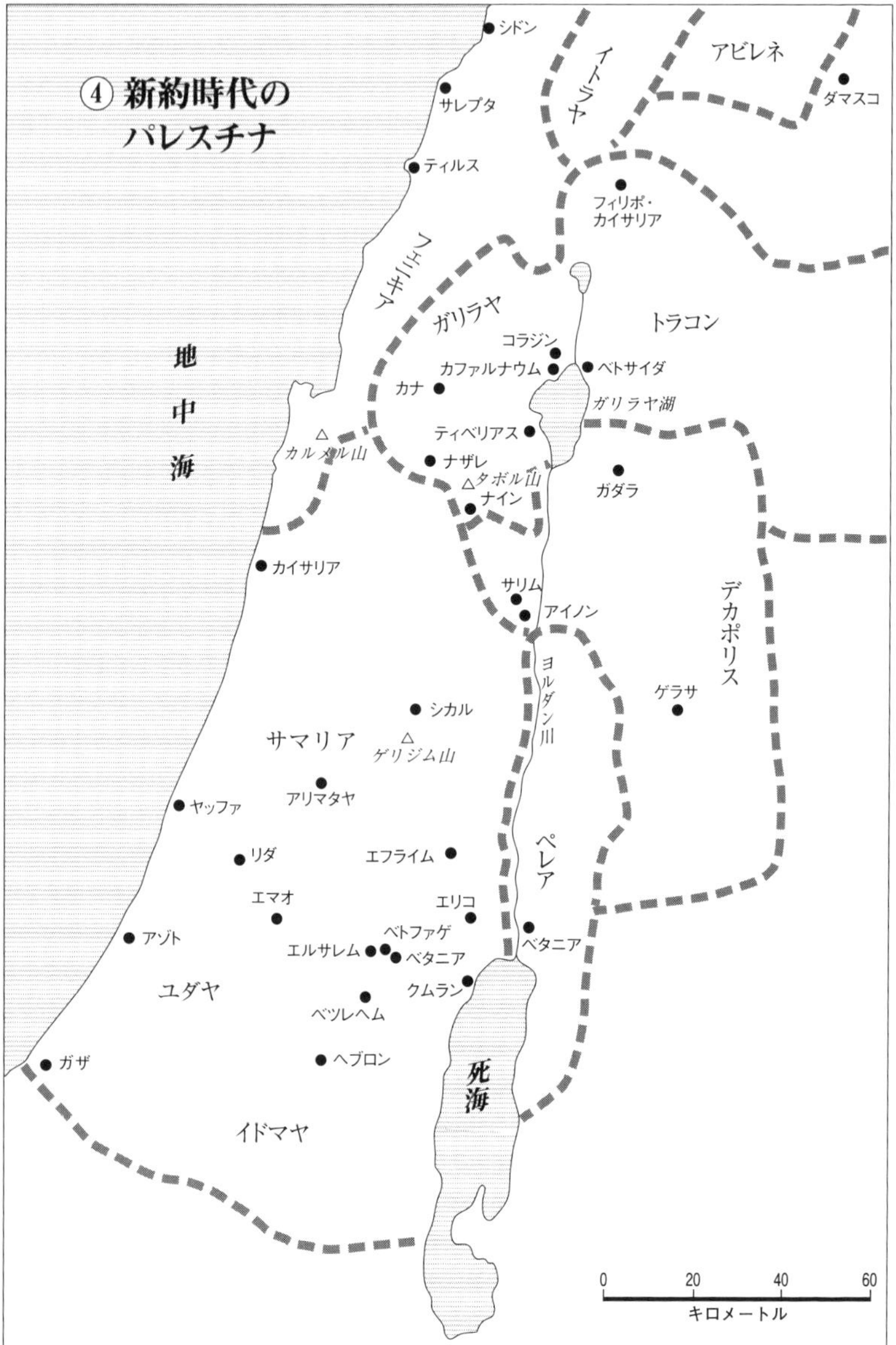

④ 新約時代の
パレスチナ
シドン
サレプタ
ティルス
イトラヤ
アビレネ
ダマスコ
フィリポ・
カイサリア
フェニキア
ガリラヤ
トラコン
コラジン
カファルナウム
ベトサイダ
カナ
ガリラヤ湖
地
中
海
ティベリアス
カルメル山
ナザレ
タボル山
ナイン
ガダラ
カイサリア
サリム
アイノン
デカポリス
ヨルダン川
ゲラサ
シカル
サマリア
ゲリジム山
アリマタヤ
ヤッファ
リダ
エフライム
ペレア
エマオ
エリコ
アゾト
ベトファゲ
エルサレム
ベタニア
ベタニア
ユダヤ
クムラン
ベツレヘム
ガザ
ヘブロン
死
海
イドマヤ
0
20
40
60
キロメートル

第1章　ユダヤ教

元祖『聖書』は痛快物語

1 アブラハムを大父祖に

聖書の『創世記』で有名な「ノアの箱舟」のノアには、姿を見せない神の意思を感じとる預言能力があったとされる。さらに驚いたことに、ノアは五百歳を過ぎてからセム、ハム、ヤフェトという三人の男児を儲《もう》け、九百五十歳まで生きたという。

長男のセムは大洪水の二年後、百歳でアルパクシャドを儲けた。アルパクシャドはシェラを、シェラはエベルを、エベルはペレグを、ペレグはレウを、レウはセルグを、セルグはナホルを、ナホルはテラを儲けた。

テラは七十歳を過ぎてからアブラム、ナホル、ハランを儲け、ハランはロトを儲けた。父親のテラは、アブラムとその妻サライ、ハランの子である孫ロトを連れて、古代都市国家ウル（今のイラク南部）からカナン（今のパレスチナ地方）へ向かったが、途中のハランに住み着いた（11ページの地図①参照）。テラはここで死んだとき二百五歳であった。

十代前の先祖ノアと同じように、長男のアブラムにも預言能力があった。つまり、夢の中や空耳状態で神から指図を受けることができたのだ。あるときアブラムは、こんな声を聞いた。

「お前を大いなる国民の父祖（先祖）にしよう。父の家を離れ、わたしが示す地に行きなさい」

さらに続けて、

「お前を祝福する者をわたしは祝福し、お前を呪《のろ》う者をわたしは呪う」

この神は人々に恵みを与えるだけでなく、恨みを抱いて不幸を招いたりもしたのである。アブラムは神の恵みを期待して、妻サライと弟の子ロトとともにカナンに向かった。もちろん、ハランで増やした召使いや家畜の群れなど全財産を引き連れて。

七十五歳のアブラムには、六十五歳になる妻サライとの間に子どもがいなかった。神がアブラムを「国民の父祖にする」と約束しても、実の子がいなければ何も始まらない。サライも子どもを授かれるものと期待したが、十年たっても、その兆しさえ現れなかった。

しびれを切らしたサライは、エジプト人の召使いハガルを代理母にしようと決意した。若くてよく働く女だから間違いなく産んでくれそうだ。こうしてアブラムは八十六歳のとき丈夫な男児に恵まれ、イシュマエル（意味は、願いを聞く）と名づけた。

「お前は名をアブラハム（意味は、多くの人の父）と改めなさい」という神の声を聞いた。

「また妻サライをサラ（意味は、王女）と呼びなさい。彼女を祝福し、男児を授けよう」

やがてサラは身ごもって笑いを取りもどし、九十歳になってアブラハムの子イサク（意味は、笑い）を産んだ。アブラハムは百歳になっていたが、それからさらに七十五年も生きた。

2 割礼は契約の証し

「お前の家に生まれた男子は、すべて割礼を受けなければならない」

アブラハムは九十九歳のとき、こんな神の声を聞いた。「身内の者だけでなく、銀で買い取った異邦人の召使いや使用人も、生まれて八日目に割礼を受けなければならない」

割礼とは、男性性器の包皮の先端を刃物で切り落とすという手荒い儀式である。信頼して神の指示に従うことを誓う契約とあれば、激しい痛みを堪《こら》えても実行せざるを得ない。この日さっそくアブラハムは、十三歳のわが子イシュマエルと自分にも割礼を施し、召使いや使用人の男性を集めて同じ儀式を行った。

明くる年に生まれた第二子のイサクにも、約束どおり割礼を施した。イサクは、イシュマエルの弟に当たるが、正妻サラの子だから正統な跡継ぎとして神との契約を相続しなければならない。その大切なイサクをめぐって、アブラハムに生涯で最大の試練が課せられる。

神から「お前の愛する一人息子のイサクをモリヤの山（今のエルサレム市内）へ連れて行き、わたしへの捧げ物として薪《たきぎ》で黒焼きにせよ」と命じられたのである。次の日の早朝、アブラハムはロバに薪を背負わせ、イサクと従者の若者二人を連れてモリヤの山へ向かった。

やっと三日目、命じられた場所が遠くに望めたので、アブラハムは従者に言った。

「お前たちは、ロバと一緒にここで待っていなさい。わたしとイサクはあそこまで行って祭壇を築き、神に礼拝をささげてから、またここに戻ってくる」

アブラハムはロバの背中から薪を下ろしてイサクに背負わせ、自分は火種と刃物を手に持って一緒に坂道を登りはじめた。その途中でふと、イサクの頭に疑問がよぎる。そこで「ねえ、お父さん」とアブラハムに呼びかけた。

「薪と火はそろってるけど、捧《ささ》げ物にする小羊はどうするのですか」

父は答えた。「ああ、わが子よ。捧げ物は、きっと神が用意してくださるだろう」

所定の場所に着くと、アブラハムは祭壇に薪を並べ、イサクをひもで縛って薪の上に載せた。そして手に刃物を握り、イサクの胸を一突きにしようと振りかぶったとき、神の使いの声がした。

「その子に手を下してはならぬ。お前が神を畏《おそ》れる者であることが、いま証明された」

アブラハムは目をこらして見回すと、後ろの木の茂みに角をとられて動けなくなっている雄羊がいたので、それを捕らえて息子の代わりに捧げ物とした。再び神の使いの声――

「お前は神の仰《おお》せに従ったから、子孫が星の数ほどに増えるであろう。またあなたの子孫が敵の城門を攻略し、地上の諸国民から祝福されるであろう」

3 遊牧民の墓地さがし

アブラハムの妻サラは、カナン地方のヘブロンで死んだ（地図①参照）。享年百二十七であった。アブラハムはサラの住まいのテントの中で、自分の胸をたたいて嘆き悲しんだが、やがて気を取りなおしてサラを葬るための墓地探しに出かけることにした。

カナンは、ほぼまっすぐ南北に連なるヨルダン川と塩の海（死海）の西側、つまり地中海寄りの地域で、すでに畑作で生計を立てる人々が住み着いていた。だからアブラハムの家族のように、テントを張って草原をてんてんと渡り歩く遊牧の民には、墓地にする土地さえままならなかったのである。

その辺りにはヒッタイト語を話すヘト人の町があった。町の門の前の広場には、ときどき人々が集まっては座り込み、おしゃべりに花を咲かせていたが、そんな人の群れにアブラハムは近づいて口を切った。

「わたしどもは、あなた方の土地に一時的に寄留している羊飼いの一族ですが、墓地にする土地を探しています。亡くなった妻を葬ってやりたいのです」

人々はアブラハムのことを以前から知っていて、むしろ好意をもっていた。

「ご主人は、神に選ばれた方です。どうぞ好きな土地に亡くなられた方を葬ってください。この町にはあなたに墓地の提供を拒む者は一人もいません」

「もしお許しいただけるなら、ツォハルの子エフロンにお願いしたいのです。あの方の畑の端にあるマクペラの洞穴《ほらあな》を譲ってくだされば、十分な銀をお払いします」

たまたま人々の間に座っていたエフロンが立ち上がって、アブラハムに言った。

「ご主人。あの洞穴も、周りの畑も喜んであなたに差し上げます。私の一族が集まっているところでのお約束ですから、もう何の遠慮も要りません。どうぞ墓地にして、亡くなった方を葬ってあげてください」

アブラハムは、集まった人々に丁寧にお礼を言ってから、エフロンに頼んだ。

「どうか畑の代金を受け取ってほしいのです」

「そうですか。払っていただけるなら、あの土地代は銀四百シェケルです」

アブラハムは、その場で銀の重さを量って四百シェケルをエフロンに渡し、洞穴と畑とその周辺に生えている木々も含めてアブラハムの所有となった。これはアブラハムが生前に手に入れた唯一の土地である。マクペラの洞穴にはサラだけでなく、のちにアブラハム自身も、イサクやその子ヤコブも葬られることになる。

4 イサクの嫁はどこに

かつてアブラハムが妻サラや父テラとともに長旅に出たとき、弟のナホルは同行せず故郷に残り、生涯そこに住みつづけた。その町のはずれには、日照りが続いても涸《か》れることのない深井戸があったが、これもナホルにとって手放せない宝物であった。

それからほぼ百年後、年老いたアブラハムに残された気がかりは、息子イサクの嫁取りのことであった。あるとき彼は、ずっと財産の管理を任せてきた老召使いに言った。

「私の一族が住んでいる故郷を訪ねて、イサクに最もふさわしい嫁を探し出し、この地まで連れ戻ってほしい。天の神である主は、きっとあなたの手助けをしてくれるはずだ」

召使いは、アブラハムが所有しているラクダの中から十頭を選び、その背中に値打ちのある贈り物をどっさり積みこんで、ナホルの一族が住んでいるアブラハムの故郷をめざした。それから十数日。水が豊かに湧《わ》き出す町はずれの深井戸に着いたとき、女たちが水汲《く》みに集まる日暮れが迫っていた。

ここで召使いは、ラクダと従者を井戸の近くに休ませ、「わが主人アブラハムの神である主よ。

どうか私に幸運を授け、主人アブラハムに慈《いつく》しみの心をお示しください」と、これからの務めを立派に果たせるように祈りをささげた。

「私はいま井戸のそばにいます。町の娘たちが水汲みに来たとき、彼女らに『お願いです。あなたの水がめから私に水を飲ませてください』と頼んでみます。そのとき『どうぞ、お飲みください。あなたのラクダにも飲ませてあげましょう』と言ってくれる娘がいたら、主が彼女をイサクの嫁として選ばれたものとさせていただきます」

その井戸は深く、でこぼこの石段が底まで続いており、女たちは肩に水がめを担《かつ》いで何回も上り下りを繰り返さなければならない。もちろんラクダなどは、狭い石段を下って水を飲んでくるわけにいかないので、井戸の周辺に石造りの水槽が用意されている。

やがて何人もの娘たちが石段を下りて泉すれすれに身をかがめ、かめを肩から下ろして水を汲み、一歩一歩階段を踏みしめながら上ってくる。その中に際立って美しい乙女がいるのに召使いが目を止め、見ほれた。彼女が近づいてくると、丁寧に言葉をかけた。

「恐れ入りますが、その水がめの水を少し飲ませていただけませんか」

するとは彼女はうなずいて「どうぞ、お飲みください」と、腕に抱えなおした水がめを傾けて老人にたっぷり水を飲ませた。彼が飲み終えると、「そこのラクダたちにもあげましょうね」と言って、再び井戸のほうへ引き返し、石段を下りて行った。

5 心根の優しいリベカ

「あなたのラクダたちも満足するまで、わたしは水を汲みましょう」

その間、アブラハムの老いた召使いは乙女の行動を黙って見つめていた。ラクダが喉の渇きを癒やし終えたのを見届けた彼女が、自宅へ持ち帰るための水を汲んで上がってきたのを見計らって、召使いはラクダの背中の包みから見事な金の鼻輪と金の腕輪を取り出しながら言った。

「あなたは、どなたの娘さんなのか教えてください。父上の家には私どもが泊めていただける場所はあるでしょうか」

「私はナホルの子ベトエルの娘で、リベカといいます。母の名前はミルカです。私どもには、わらも飼い葉もたくさんあり、もちろん皆さんにも泊まっていただけます」

召使いは、その場にひざまずいて祈りをささげた。

「主はたたえられますように。主は私どもの旅路を導き、わが主人アブラハムの一族の家にたどり着かせてくださいました」

リベカは駆けだして家に戻り、さっきからの出来事を大急ぎで報告した。妹がつけている鼻輪と腕輪に驚いた兄のラバンは、すぐ深井戸のある町はずれへ飛んで行った。そしてラクダのそばに立っている老召使いを見つけると、

「主に祝福されたお方よ。どうぞわが家へお越しください。お泊まりになる部屋や、ラクダが休む場所を整えるのは私の仕事です」

リベカの父ベトエルは年老いて体調を崩しており、家のことは主にラバンが仕切っていたのだ。彼はてきぱきとラクダの荷ほどきを手伝い、わらと飼い葉を与えた。また家の召使いたちに言いつけて老人と従者の足を洗わせた。それからお客の前には酒食がいろいろ並べられたが、老人はまったく手をつけようとしない。

「私の用件をお聞きくださらなければ、食事はいただけません。実は主が、私の主人アブラハムの子息のために、一族のリベカ様を迎えられるように、ここまで導いてくださったのです」

これを聞いてベトエルとラバンは、こもごもこう答えた。

「すべて主の思し召しです。私たちが善し悪しを申すことはできません。どうぞリベカをお連れください。リベカをよろしくお願いします」

聡明なリベカも「この方について行きます」とすぐ自らの態度を明らかにした。老召使いは地に伏して主を拝したあと、リベカのほか兄や母にも金銀の装身具や衣装など高価な品物を贈った。それから旅人たちは酒食のもてなしを受け、その夜は肩の荷を降ろしてぐっすり眠った。

6 イサクのテントへ直行

翌朝、みんなが起き出してくると、老召使いは泊めてもらった家の人々に告げた。

「きのうは私にとっても、幸せな一日でした。でも、そろそろおいとましたいと存じます。わが主人アブラハムやその子息のイサクも、お待ちでしょうから……」

余りの慌ただしさに、リベカの兄と母は驚いて顔を見合わせた。

「もう数日、できれば十日ほど、ここにお泊まりいただけませんか。そうすれば、リベカを送り出す準備が調いますし、彼女も友達と別れを交わすことができます」

「どうかお引き止めにならないでください。今度の旅の目的をかなえてくださった主も、きっと分かってくださるはずです。主人のアブラハムは年を取っていますので、できるだけ早くこの朗報を伝えなければなりません」

「そうですか。では、リベカ本人を呼んで聞いてみましょう」

呼び出されたリベカに母ミルカが尋ねた。

「お客様は、急いでお帰りになりたいと言っておられます。あなたも今すぐ、この人たちと一緒に出かけますか」
「はい」と、リベカは大きくうなずいて言った。「参ります!」

そこで兄と母は、リベカとその乳母をアブラハムの召使いと一緒に送り出す覚悟を決めた。そして兄ラバンはリベカを祝福して言った。

「わが妹リベカよ、幾千万の国民の母となれ。やがて子孫が敵の城門を攻め取れますように」

リベカは乳母や従者とともに立ち上がり、ラクダの鞍《くら》にまたがった。そして老召使いが乗ったラクダの後を追った。

ラクダの一行はひたすら南へ向かい、まずネゲブをめざした。そこには新郎のイサクが住んでいたからだ。イサクは出先から戻ったばかりで、夕暮れが迫るころ野原を散策していたが、近づいてくるラクダの一行に目を止め、その方向へ歩き始めた。

リビカもそのとき人影に気づいて「荒れ野を歩いてくるのは、どなたですか」と老召使いに尋ねた。「あの方が私の主人アブラハムの子息イサクです。出迎えにきてくれたのですね」

リベカはラクダから下り、荷物の中からベールを取り出して頭にかぶった。老召使いはイサクに「いとこ半」に当たるリベカを紹介してから、リベカと一緒にここに来るまでの旅の一部始終を報告した。イサクはその夜、新婦を自分のテントに案内した。

イサクはすでに四十歳で、その後も他の女を愛したことはなかった。

7 移住して飢饉をかわす

カナンやその周辺は、ときたま激しい飢饉に襲われる。イサクの時代にも大飢饉があり、はるか西方のエジプトへの移住も考えたが、このとき父アブラハムの神である主の声が聞こえた。

「エジプトへ下ってはならない。カナン地方に住みつづければ、アブラハムと約束したように、この土地すべてをお前の子孫に与えよう。アブラハムがわたしの声に従い、戒めや命令、おきてや教えを守ったからである」

イサクの一族はネゲブの北方ゲラルへ移住し、荒れ野を耕して穀物の種をまいたところ、その年さっそく百倍もの収穫が上がった。主の祝福により彼は裕福になり、羊や牛の数ばかりでなく召使いも増えた。しかし同時に先住民ペリシテ人たちのねたみも強まってくる。

これを見かねたペリシテ人の王アビメレクは、イサクを呼んで言った。

「あなたは私どもに比べて強くなり過ぎた。どうか別の土地へ移っていただきたい」

イサクはやむなくゲラルの谷間に移り、そこにテントを張った。かつてアブラハム一族が住んだことのある土地である。しかし父の召使いたちが掘った井戸は、ペリシテ人によって土で埋め戻されていたので、掘りなおして使わねばならなかった。

さらに新しく掘った井戸から水が豊富に湧《わ》きはじめると、ペリシテ人の羊飼いがやって来て「この井戸は我々のものだ」と、イサクの羊飼いたちと争った。そこでイサクはその井戸に名前をつけ、エセク（意味は、争い）と呼んだ。もう一つ別の井戸を掘り当てたときも争いが生じたので、それをシトナ（意味は、敵意）と名づけることにした。

しかし少し離れた場所に四つ目の井戸を掘り当てたときは、もはや争いは起こらなかった。イサクはこの井戸をレホボト（意味は、広場）と名づけ、「やっと主は、我々の繁栄のために広い場所をお与えくださった」と喜んだ。

やがてイサクの一族は、ゲラルの谷から上がって東方のベエル・シェバの高台に移ったが、その夜イサクは神の声を聞いた。「お前の父アブラハムの神である。恐れてはならない。わたしはお前と共にいて、お前を祝福し、子孫を増やす」

イサクはそこに祭壇を築き、主の名を呼んで礼拝した。彼の一族はここにテントを張り、召使いたちは新しい井戸を掘った。

なお、イサクの兄イシュマエルはイサクとともに父アブラハムをマクペラの洞穴に葬って以来、二人は別々の人生を歩み、再び会うことはなかった。イシュマエルの子孫はパランの荒れ野に住んで戦闘的な部族となり、他の多くの部族と敵対した。

8 こんなにも違う双子

イサクは、リベカと結婚してから二十年たっても子どもに恵まれず、早くも六十歳になってしまった。イサクとリベカが初めて対面した荒れ野の平原にテントを張ったとき、リベカはイサクに寂しそうにつぶやいた。

「どうして私たちは子どもに恵まれないのでしょうね。主は子孫を増やすと約束してくださったのでしょう？」と悔しそうに訴え、ついに大声で泣きだした。

イサクは「自分以上に寂しいのに違いない」と同情し、独りで夜通し考え抜いた。朝になるのを待ちかねてイサクはリベカを連れて岩山に登り、両手を上げて祈りをささげた。そしてその日一日、むつまじく寄り添って過ごした。

それから間もなく、リベカに美しい笑顔がよみがえった。ようやく身ごもったのである。しかし数カ月後に始まった胎動は、悲鳴を上げねばならないほど激しかった。リベカはひとり岩山に登り、主に尋ねた。

「これでは私のおなかは壊れてしまいます」

すると、神の声が聞こえた。

「お前の胎内に二つの国民が宿っており、互いに争っている。やがて一方がより強くなり、兄が弟に仕えることになる」

月満ちて出産すると、果たして双子の兄弟が現れた。先に出てきた兄は、赤くて全身が毛に覆われていたので、エサウ（意味は、毛深く赤い）と名づけられた。また弟は兄のかかとを手でつかまえた格好で出てきたので、ヤコブ（意味は、かかと）と呼ばれることになった。

兄弟はすくすくと成長したが、二人の性格は大きく違っていた。エサウは荒れ野に出るのが好きで、巧みな狩人になったが、ヤコブは穏やかな青年に育ち、畑作や牧畜などテントに近いところで毎日を過ごした。

父のイサクは、ヤコブよりもエサウが気に入っていた。ヤギや羊など家畜の肉よりも、山野を駆け回るシカなど野獣のほうが味が濃く、うま味に富んでいたからである。エサウは行った先々で食物を得て暮らしを立てていたが、珍しい獲物を捕まえて帰ってくると父はたいそう喜んで、猟の上達ぶりを褒めたたえた。

それに対して母のリベカは、勇ましいエサウより気性が穏やかで知性的なヤコブを愛した。長男が父親の跡を継ぐのが習わしではあっても、何とかしてヤコブをイサクの跡継ぎに据えたいという思いが強まっていった。

9 実を結んだ母子の策略

ある冬の朝、ヤコブがテントの中で煮物を作っていると、猟に出ていた兄のエサウが久しぶりに帰ってきた。疲れきった様子なので、ヤコブが尋ねた。

「兄さん、どうしたのですか。お父さんに獲物を料理してあげるんでしょう?」

エサウは大きな声も出せなかった。

「今度の猟はね……獲物がほとんど捕れなくて……ここ数日……何にも食べていないんだよ……お願いだから……そのいい匂いの煮物を……食べさせてくれないか」

ヤコブは、ふいに母リベカの言葉を思い出して「そのチャンスが来たな」と感じた。

「確かに、この煮物は間もなく出来上がるよ。でも、まずお父さんにあげなくてはね」

「腹ぺこなんだ……先に食べさせてもらえないか」

エサウの懇願ぶりに、ヤコブは腹を固めた。

「兄さんが私に長子の特権を譲ってくれるなら、考えてもいいですよ」

「おれは死にそうだ……長子の特権など……どうでもよい」

そこでヤコブは落ちつき払って念を押した。「長子の特権を私に譲ってくれるんですね」

「うん……長子の特権を譲ると……今ここで誓うよ」

そこでやっとヤコブは、羊の肉や豆や野菜の入った赤い煮物を土器に盛り、パンもつけてエサウに食べさせた。エサウはやっと人心地を取り戻し、礼を言って立ち去った。

兄のエサウは四十歳のとき、ヘト人の娘ユディトとバセマドの二人を妻として迎えた。やがて父のイサクは年老いて目がかすみ、ついにエサウへの家督相続を思い立った。

「エサウよ、私はいつ死ぬか分からない。すぐ弓矢をもって野に出かけ獲物を捕まえて、おいしい料理を作って食べさせておくれ。そのあと私の跡継ぎとしてエサウを祝福しようと思う」

これを立ち聞きしたイサクの妻リベカは、すぐヤコブを呼んで「チャンス到来よ」と策略を打ち明けた。ヤコブはうなずき、太った子ヤギ二頭を絞めて母に渡した。肉が程よく焼けていい匂いが立ち上るころ、母はヤコブの両腕と首をヤギの毛皮で包み、エサウの晴れ着を着せた。

「さあ、この肉をお父さんに食べさせて、跡継ぎの祝福をいただきなさい」

ヤコブは落ち着いていた。「長男のエサウです。私の料理を食べてください」

父はヤコブの腕を握って確かめ、「ああ、こんなに早く仕留めることができたのか」

「きっと、お父さんの神、主が計らってくださったのです。急いで帰って参りました」

ヤコブが父に口づけをすると、父は晴れ着の匂いを吸い込んでから、祝福の言葉を唱えた。

10 出し抜かれて怒る兄

ヤコブが跡継ぎの祝福を受けて父イサクのテントを出た直後、エサウが狩りから戻って自分のテントで料理を始めた。父が喜びそうなご馳走に仕上がったので、うきうきした気分で父のテントへ持っていく。

「お父さん、起き上がって食べてください。捕ってきたばかりの獲物を料理しました」

「いま食べたばかりだが……お前はいったい誰だ?」

「私ですよ。あなたの長男のエサウです」

「えっ。じゃ、さっき私が祝福したのは、誰だったのだ」

そのときエサウの頭には、あまりの空腹のためヤコブに「長子の特権」を譲り渡すと誓ったことがよみがえった。「ああ、うまく弟にしてやられたのだ」

エサウは悲痛な叫びをあげて激しく泣いた。自分が生まれてくるとき、ヤコブにかかとをつかまれていたと聞いたが、ここで再び足を引っ張られたのだ。しかしエサウは気を取りなおして父に頼んだ。「お願いです。私にも祝福をください」

イサクは体を激しく震わせて言った。

「ああ、私はうっかりだまされて、父アブラハムから受け継いだ家督をすべて、次男のヤコブに譲ってしまったのだ。今となっては、お前のために何ができようか。兄といえども、これからは弟に仕えねばならない」

エサウは、父がヤコブを祝福したことを恨みつづけ、ヤコブを憎むようになった。そして心の中でこうつぶやいた。

「父の喪の日も、そう遠くはあるまい。その時がきたら、必ず弟を殺してやる」

この言葉が母リベカの耳に入った。すぐヤコブを呼んで、次の策略を伝えた。

「大変です。エサウ兄さんがお前を殺して、恨みを晴らそうとしています」

ヤコブは母の真剣な顔を見て、恐れおののいた。「じゃ、どうすれば?」

「いとしいわが子よ。お兄さんの怒りが収まるまで、別々に暮らすしかありません」

「どこへ身を隠せばいいのですか」

「急いでハランに行き、私の兄ラバンのところに身を寄せなさい。そのうちお兄さんの憤りも鎮まり、お前がしたことを忘れてくれるでしょう。お父さんも、そうすることを了解してくれるはずです」

ヤコブは母を信頼していた。「何もかも、お母さんの指図に従います」

11 神の使いが上り下り

リベカは、ヤコブの嫁取りについて夫のイサクに相談を持ちかけた。

「エサウの二人の嫁は、どうしても好きになれません。ヤコブが結婚するなら、ヘト人の娘でないほうがいいと思います。ヤコブを私の里に行かせ、そこで選ばせたらどうでしょう？」

イサクは、リベカの意見に素直に賛成した。そしてさっそくヤコブをテントに呼んで祝福し、次のように言った。いや、むしろ命令口調であった。

「お前はカナンの娘を妻にしてはならない。すぐにパダン・アラムのラバン叔父さんのところへ行き、その娘の中から好きないとこを選んでほしい。きっと全能の神がお前を祝福し、子孫を繁栄に導いてくれるだろう。神がアブラハムに与えると約束した土地だけでなく、いま我々が住んでいるこの土地も受け継ぐことができるように」

ヤコブは父に送り出されて、ベエル・シェバを出発した。その途中、石ばかりの山を歩いていると日がとっぷり暮れたので、手頃な大きさの石を枕にして野宿することにした。この夜、長い階段の夢を見た。この階段は天までまっすぐ延びていて、神の使いたちが歩いて上り下りしていた。ふと気づくと、主がそばに立っておられ、声がはっきり聞こえてきた。

「わたしはアブラハムの神、そしてイサクの神、主である。お前が寝ているこの土地を、お前に与える。子孫たちは周辺一帯に広がっていくであろう。見よ、わたしはお前と共にいる。どこへ行っても、お前を守り、ここに連れ帰る。この約束を果たすまで決して見捨てない」

ヤコブは眠りから覚めて、つぶやいた。

「主が身近におられるとは、知らなかった。なんと畏れ多い場所だろう。ここは天への門だ」

翌朝、ヤコブは枕にしていた石をそこに立て、油を注いでから誓願を述べた。

「この石をベテル（意味は、神の家）と呼びます。神が私と共にいて旅路を守り、衣食を与え、無事に父の家に帰らせてくださるように。私が賜った物の十分の一をあなたにささげます」

やがてヤコブは、井戸で羊たちに水を飲ませている人々に出会った。

「皆さんはどちらの方ですか」と尋ねると、「私たちはハランの者です」と答える。

「では、ナホルの子ラバンをご存じですね」

「ええ、よく知っていますよ」

「ラバンは元気ですか」

「ええ、元気ですとも。もうすぐラバンの娘のラケルも羊の群れを連れてくるはずです」

ヤコブは神に導かれて、間違いなく旅の目的地に到達したのである。

12 姉と結婚してから妹と

「ラバンの娘といえば、いとこだな」と、ヤコブはちょっぴり顔を赤らめた。そのとき羊の群れとともに、美しくて愛らしいラケルが井戸端に現れた。ヤコブは水を飲ませるのを手伝ったあと、ラケルに「私はあなたの父上の妹リベカの息子です」と自己紹介した。

ラケルは走って家に帰り、「いとこが来た」と告げると、父のラバンが迎えに飛び出し、ヤコブを自宅に案内した。ヤコブは最近の出来事を詳しく話した。するとラバンは「身内の者はお互いに助け合わねばならない。好きなだけ滞在していていいですよ」

一カ月ほどたったころ、ラバンはヤコブに言った。「私の甥《おい》だからといって、あなたはここでただ働きすることはない。どんな報酬を望みますか」

ラバンには二人の娘がおり、ラケルの姉はレアと呼ばれた。レアは目の優しい女性だったが、ヤコブは最初に会ったラケルのほうが好きであった。そこでラバンにはっきり告げた。

「下のラケルを妻にできたら、二人とも幸せになれるに違いありません。認めてくださるなら、七年間あなたに仕えましょう」

「ラケルを嫁がせるなら、どの男性よりもあなたを選びますよ。では、しばらく我々と一緒に暮らしてください」

こうしてヤコブは七年間、ラバンの家族のためにもくもくと働いた。好きな女性と結婚できるのなら、辛いことでも平気でこなせるものだ。あっという間に満期の日を迎えた。

ヤコブはラバンに言った。

「約束の七年が過ぎました。ラケルと一緒にならせてくれますね」

「よく働いてくれてありがとう。では、村の人々を集めて盛大な祝宴を開こう」

賑やかな祝宴も、やがて夜のとばりに包まれる。すると新婦の父ラバンは、顔から足の先まで華やかな衣装で覆った娘を新郎ヤコブのいる石造りの新居に連れてきた。

「これからは二人で、幸せになってもらいたい。よろしく頼む」

初夜を新婦と過ごしたヤコブは、次の朝、血相を変えてラバンの部屋に怒鳴り込んできた。

「私は姉のレアではなく、妹のラケルを選んだのですよ。どうしてすり替えたのですか」

「そう、怒らないで……。決してだまそうと思ったのではない。この辺りの慣習では、姉より先に妹を結婚させないことになっているのだ。分かってほしい」

「では、ラケルとの話はどうなるのですか」

「この一週間の祝宴をすませたら、必ずラケルをお前に嫁がせる」

13 続けて男児に恵まれる

ところがラバンはヤコブに、もう一つ条件を出してきた。

「ラケルとも今すぐ結婚させる代わりに、もう七年間ここで働いてもらいたい」

ヤコブは、それは自分にとっても都合のいいことだ、と納得することにした。合わせて十四年もたてば、兄エサウの憤りもかなり鎮まっていることだろう。

ラバンはヤコブへのお礼の意味も込めて、姉のレアには自分の使用人のジルパを、妹のラケルにはビルハを召使いとしてつけてやった。

ヤコブはレアよりもラケルを愛したが、先に身ごもったのはレアのほうであった。生まれてきた男の子は、ルベン（意味は、気遣う）と名づけられた。レアが「きっと主は、私の苦しみを気遣ってくれたのよ」と喜んだからである。

レアは続けざまに男児を産んだ。「主がまた、私の嘆きを聞き留めてくれたから」と次男の名をシメオン（意味は、聞き留める）とした。

それからも次々と男児を産み、三男にはレビ（意味は、夫婦のかすがい）、四男にはユダ（意味は、褒めたたえる）という名前をつけた。レアは本心から主を褒めたたえたが、彼女はそれっきり子を産まなくなった。

ラケルは姉レアの幸せをねたんだが、ヤコブは「神でない自分には、愛することしかできなくて申し訳ない」と嘆くしかなかった。そこでラケルは召使いのビルハをヤコブの側女《そばめ》にして子を産んでもらい、自分の子どもとして育てようと決心した。

やがてビルハはヤコブの子を身ごもった。ラケルは喜んで、生まれてきた男児をダン（意味は、神の裁き）と呼ぶことにした。またビルハの第二子には、姉との争いをしみじみ振り返ってナフタリ（意味は、争い）と名づけた。

レアも「妹には負けられない」と、召使いのジルパをヤコブの側女にして男児ガド（意味は、幸運）を産ませた。またジルパの第二子はアシェル（意味は、幸せ者）と名づけられた。

小麦の収穫期、レアの長男ルベンが野原で恋ナスビを見つけたことがきっかけで、ヤコブが久しぶりにレアの家に泊まった。レアの願いが神に届いて身ごもり、五人目の男児イサカル（意味は、報酬）、六人目の男児ゼブルン（意味は、尊ばれる）、それに女児ディナを産んだ。

ついに神は、ラケルの願いを聞き届けて、ラケル自身にも初子を恵まれた。ラケルとヤコブは「遅れた賜り物」と大喜びし、ヨセフ（意味は、追加）と名づけた。のちにラケルはお産で命を落としたが、助かった男児にヤコブはベニヤミン（意味は、幸いの子）と名づけた。

14 斑の羊やヤギで豊かに

ヤコブに十一番目の男児ヨセフが生まれたあと、ヤコブはラバンに言った。

「そろそろ私を、父イサクや兄エサウの住む故郷へ帰らせてもらえませんか。この十四年間あなたに仕えた私の骨折りで、家畜の数も召使いや使用人も何十倍にも増えました。そろそろ妻子ともども、独立させていただきたいのです」

「実は占いによって、お前の主の祝福のお陰で私の財産や孫が増えたことをよく知っている。だから、お前がどんな報酬を望むのか遠慮なく言ってもらいたい。ここにもっと長くいてくれれば、一番ありがたいのだが……」

「そう言っていただけるなら、もう何年かここであなたの羊やヤギの世話をしましょう。報酬としては、全身が真っ白でない羊と真っ黒でないヤギが生まれたら、それを私にくれませんか」

「大抵の羊は真っ白で、斑《まだら》や縞《しま》模様の羊はごく少数だよ。それにヤギは、ほとんどが全身真っ黒で、白い斑のある子ヤギなんて珍しいが……」

「はい、私の取り分は、白と黒の交じった羊やヤギだけで十分です」

「じゃあ、話は決まった。また明日から私の家畜の世話を頼むよ」

その日ラバンはすぐ、自分の息子たちに斑や縞模様の入った羊とヤギをすべて選び出させ、歩いて三日ほどかかる遠くの草地に移動させた。残ったのは全身真っ白な羊か、全身真っ黒なヤギばかり。こうしてヤコブは、全身の毛色が無垢《むく》の群れを飼うことになった。

しかしヤコブには、当初から成算があった。これまで長く家畜を飼いつづけてきた体験から秘策を学びとっていたのである。

羊やヤギの交尾期が近づくと、ヤコブの息子や使用人たちは忙しくなった。ヤコブがポプラやアーモンドやプラタナスの茂った林に行かせ、太めの枝を切り落として放牧地に運ばせたのである。それから枝ごとにナイフで縦に長い傷をつけ、白い木肌が縞状に浮き出るように細工した。

こんな縞模様の枝を家畜の水飲み場の水中に浸しておくと、ふしぎなことに水を飲みにきた羊やヤギに急に盛《さか》りがついて、その周辺一帯で雄と雌の交尾が始まるのである。効果はそれだけではなかった。どの親も羊が白一色、ヤギが黒一色なのに、生まれてくる子羊や子ヤギの体色が斑や縞模様になりやすいのだ。

こうして体色が無垢でない系統が出来上がれば、それを親にして増殖させることが可能になるので、斑紋のある系統がどんどん増えてくる。こうしてヤコブの取り分が多くなり、それを放牧するための使用人の数も増え、ラクダやロバを買えるほど豊かになった。

15 増やした家族と古里へ

ラバンの息子たちは、この数年間でヤコブの財産が急膨張したことをやっかみ始めた。

「ヤコブは父の財産をかすめ取ったのに違いない」「父をだましたとすれば、よっぽど悪賢い奴《やつ》だ」「何とかしないと、われわれ兄弟の取り分が減ってしまうぞ」

そんな声を耳にするにつけ、ヤコブは「そろそろ、引き揚げ時がきたようだな」と思いはじめた。ラバンの態度も、以前とはかなり変わってきていたからだ。

そんなときヤコブは夢の中で、祖父アブラハムと父イサクの神、主の声を聞いた。

「先祖の地へ戻る時がきた。親族の住む故郷へ出発しなさい。わたしはお前と共にいる」

ヤコブは数日後、自分の羊やヤギを放牧している野原から、妻たちが住む家へ召使いを遣《や》って「子どもたちや使用人もみんな連れだって放牧地にくるように」と呼び寄せた。そしてラケルとレアに意見を求めた。

「あなたのお父さんは最近、私に対する態度を変えたようだ。私がお父さんのために懸命に働いたのに、私をだまして十回も報酬を変更した。しかし私の祖父や父の神は、ラバンが私に手出しすることをお許しにならなかった。さらに夢に現れた主は私に、今すぐこの土地を出て故郷に帰るように、と指図してくださったのだ」

ラケルとレアは答えて言った。

「父は私ども姉妹を売り、さらにヤコブに稼いでもらった財産をすべて独り占めしています。父の家には、私どもに分けてくれるものなど何もありません。だから今すぐ、主が告げられた通りにいたしましょう」

ヤコブはすぐ妻たちと子どもすべてをラクダに乗せ、最後の六年間に得た家畜を追って故郷のカナンへ向かって旅立った。

ラバンは遠くの草原へ羊の毛の刈り取りに出かけていたため、ヤコブの家族が逃げ出したことに気づいたのは三日後であった。彼は使用人らを率いて、七日の道のりを追いかけ、ようやくギレアド山地（地図③参照）でテントを張って休もうとしているヤコブ家族の一団を発見した。

ラバンたちもその手前でテントを張った。その夜ヤコブの父の神がラバンの夢に現れて、「ラバンよ、決してヤコブを責めるでないぞ」と諭《さと》された。とはいえ、翌朝のラバンの言葉には、悔しさがこもっていた。

「ヤコブよ。何ということをしてくれたんだ。私を欺《あざむ》き、娘たちを捕虜のように連れ去るとは。そうと言ってくれれば、ゆっくり娘や孫たちに別れの口づけができたものを」

16 贈り物選びは慎重に

二十年を一緒に過ごした伯父のラバンとは、大きな面倒を起こさずに何とか決別に成功したが、ヤコブの次の難題は兄エサウとの再会であった。二十年たったからといって、エサウの怒りが鎮まっているとは限らない。もしも大切な妻や子どもたちに危害が及ぶようなことになれば、何のための流離だったのか分からなくなってしまう。

ヤコブは古里に向かって南下の旅をたどりながら、頭の中であれこれ作戦を練った。そしてやっと、先遣隊を送って兄の動向や意向を探らせるのが最良の策ではないかと思いはじめた。

一行が塩の海の南東に広がるエドムの野原（地図③参照）に近づくと、ヤコブは数人の召使いに言いつけた。「この周辺に私の兄エサウとその一族がテントを張って暮らしているはずだ。兄を探し出して、私からのメッセージを丁重に伝えてほしい」

召使いたちは間もなくエサウに出会い、ヤコブに指示された通りの言葉を伝えた。

「あなたのしもべヤコブは、このように申しております。私は伯父ラバンのもとに長く滞在し、今日に至りましたが、羊やヤギなどの家畜と使用人をたくさん所有するようになりました。そこでまず我々使いの者が、こうしてご主人様のご機嫌をお伺いに上がりました」

大急ぎでヤコブのところへ戻った使いたちは、状況を次のように報告した。

「兄上のエサウ様は、あなた様を出迎えるために四百人のお供を連れて、こちらへ向かうとおっしゃいました。一両日中には到着されるのではないでしょうか」

ヤコブは恐怖を感じて身震いした。「私に対するエサウの怒りは、まだ収まってはいないんだな。二十年前と同様、私を殺そうとしているのに違いない」

あれこれ思案したあげく、ヤコブは家畜を二組に分け、時間差を置いて前進させようという結論に達した。そして祈った。

「祖父アブラハムの神、父イサクの神、主よ。私は兄が恐ろしいのです。主はかつて『お前に必ず幸いを与え、子孫を数えきれないほど増やす』と言われました。どうか兄の手から私の命をお救いください」

その夜、ヤコブの一行はそこに野宿して、兄エサウへの贈り物を選んだ。連れてきた家畜は雌羊二百頭と雄羊二十頭、雌ヤギ二百頭と雄ヤギ二十頭、乳ラクダ三十頭とその子ども、雌牛四十頭と雄牛十頭、雌ロバ二十頭と雄ロバ十頭であった。それらすべてを二組に分け、さらに召使いたちも二組に分けて二組の家畜の群れに張り付けた。

これで贈り物の準備はすんだ。「さあ、みんな。ぐっすり眠って、疲れを癒やそう」

17 神の使いと格闘とは

翌朝早く、ヤコブは召使いや使用人を集めて、これからの手順を訓示した。

「前の組と後ろの組の間隔は、十分な距離を保ち、決してつながってしまわないこと。前方から四百人の長い隊列が近づいてきたら、兄エサウの出迎え隊に違いない」

「隊長らしい人に『お前の主人は誰だ。この家畜は誰のものか』と聞かれたら、『わが主人は、あなたのしもべヤコブです。この家畜はすべてエサウ様に差し上げる贈り物でございます』と丁寧に答えるように」

「さらに『ヤコブはどこだ?』と尋ねられたら、『後から参ります』と告げてほしい」

ヤコブは、贈り物を先に行かせてエサウをなだめ、そのあと顔を合わせれば、快く迎えてくれるのではないかと計算したのだ。もしもエサウが敵意をあらわにして、前の組に攻撃を仕掛けてきた場合でも、後ろの組は助かるだろう。しかしこれは最悪のシナリオに違いない。

贈り物にする家畜群を送り出した日は、ヤコブにとって大変な一日であった。二人の妻と二人の側女、それに子どもたち全員をラクダに乗せたままヨルダン川の支流を渡らせた。そして召使いや使用人のほか自分の手元に残す予定の家畜と一緒に、贈り物隊のあとを追わせた。自分はその夜も少数の召使いやラクダと野宿し、ひと足遅れで出発することにした。

ヤコブはその夜、今まで見たこともない恐ろしい夢にうなされた。神の使いと格闘する夢であった。それは自分の知恵で窮地を打開しようとする悪あがきの表れに違いなかった。「神の約束を素直に信じなければ……」と思いなおしたとき、主の声が聞こえた。

「お前の名は何というか」「はい、ヤコブです」

「お前はこののち、イスラエル（意味は、神に見守られる）と呼ばれる」

ふしぎな夢であった。「かかと」を意味する「ヤコブ」からの改名命令である。

翌日、妻子のラクダ隊に追いついたヤコブは、前方から四百人の集団が近づいてくるのを確認した。エサウに会う瞬間が近づきつつあった。ヤコブは小走りに妻子の前方に進み出て、地面にひれ伏した。エサウの顔がはっきり見える位置までくると、ヤコブは最も深くひれ伏した。するとエサウのほうから駆け寄り、ヤコブの首をかかえて抱きしめ、一緒に泣いた。

やがてエサウは顔を上げ、女や子どもたちを見回して尋ねた。「この人たちは誰ですか」

「あなたのしもべである私に、神が与えてくださった家族です」

まず側女たちと子どもたちが進み出てひれ伏し、次にレアと子どもたちが、最後にラケルとヨセフの二人がエサウのすぐ近くに進み出てひれ伏した。

18 兄弟が二十年ぶり再会

もともと思い切りのよい性格のエサウは、二十年間も怒りを引きずるわけもなく、父の跡継ぎと決まっている弟を、召使いたちと連れだって出迎えにきてくれたのだ。最悪のケースまで予想したヤコブには、涙の再会で肩の荷がいっぺんに滑り落ちてしまう気分であった。

「ところで……」と、エサウはふしぎそうな顔でヤコブに尋ねた。

「さっき出会った家畜群は、いったい何のつもりなんだね」

「兄上に献上するために用意した贈り物です」

「ヤコブよ。私のところには何でも十分にある。お前の物はお前が持っていなさい」

「温かく歓迎してくれたことへのお礼です。どうか納めてください」

ヤコブがしきりに勧めたので、エサウはついに受け取ることにした。

「さあ、一緒にセイルまで帰ろう。父上にも会いたいだろう？」

「私には幼児たちもおり、家畜も疲れていますので、この辺りでテントを張ろうかと思います」

「そうか。では、私の使用人を何人か、ここに残しておこう」

「私にも若い召使いや使用人がおります。どうかお気遣いなく。後日、父上をお見舞いに上がりますので、よろしくお伝えください」

贈り物の家畜はすべて出迎え隊に手渡され、エサウの一団はセイルに引き揚げていった。それにしても、兄との再会でヤコブが最もショックを受けたのは、母リベカが亡くなったと知らされたことだ。優しくしてくれた母上に会えないのなら、今すぐ帰る必要もない。それに伯父ラバンのところへ何の便りもしてくれなかった理由も、これで納得できた。

ヤコブたちは野宿を続けたあと、ヨルダン川西側のシケム（地図①参照）に落ち着くつもりで土地を買って祭壇を造った。しかしレアの娘ディナの暴行騒ぎがもとでヤコブの息子たちが地元の若者たちを襲ったため、ヤコブ一家は住みづらくなった。そんなときヤコブに神の声が聞こえた。

「ベテルに登り、そこに祭壇を造るように」

ベテルといえば、兄エサウから逃れる旅路で、天まで続く長い階段の夢を見た岩山である。そのとき主は「どこへ行っても、お前を守り、ここに連れ帰る」と約束してくれたが、再び救いの手を差しのべてくれたのだ。ヤコブ一族は岩山に登り、祭壇を造って祈りをささげた。

一族が山を下りてエフラタ（のちのベツレヘム）に向かう途中、最愛の妻ラケルがヤコブの末子ベニヤミン（意味は、幸いの子）を産んだが、難産のため命を落とした。それでもヤコブは一族の暮らしのために、カナン地方の放牧地をへめぐった。

19

憎いヨセフを穴に落とす

イサクは、跡取り息子のヤコブと何十年かぶりに再会し、孫たちと対面したのち百八十歳で死んだ。父アブラハムや息子ヤコブと比べれば目立たない存在ではあったが、エサウとヤコブによって両親が眠るマクペラの洞穴に葬られた。またエサウは父の葬儀を済ませると、一族郎党と多くの家畜群を引き連れて死海南東のエドム地方の山地に移り住んだ。

ベニヤミンが生まれると、ヤコブの息子は十二人になったが、その半数は妻レアの子で、ルベン、シメオン、レビ、ユダ、イサカル、ゼブルンである。最も愛した妻ラケルとの間にはヨセフとベニヤミンの二人がおり、さらに側女ビルハにはダンとナフタリ、別の側女ジルパにはガドとアシェルがいた。この十二人が、のちにイスラエル十二支族の父祖となる。

さて、ヤコブの息子たちはカナン地方で羊の群れを飼っていたが、年齢的にも性格的にもかなりの幅があり、父は兄弟の教育や管理に大変てこずった。しかし下から二番目のヨセフは、抜群の利発さを発揮して父の大切な情報収集役として活躍した。それに年を取ってからの子だったので、父は誰よりもかわいがり、ヨセフには裾《すそ》の長い晴れ着を作ってやった。

おまけにヨセフは、夜見た夢のことを得意気に話したため、兄弟からますます憎まれることになる。「私が畑で刈った麦を束ねていると、その束が立ち上がり、兄さんたちの束が周りに集まってきて、私の束にひれ伏したんだよ」

また、「太陽と月と十一個の星が私にひれ伏した」と、別の夢を兄弟や父に話したので、さすがの父も眉をひそめ、「親たちも、お前にひれ伏すというのか」と、ひどく叱《しか》った。

しばらくして父は「シケムで放牧中の兄たちを訪ねて、みんな元気でやっているか、家畜たちも無事かを見届けて、様子を知らせてほしい」とヨセフを使いに出すことにした。兄たちはすでにシケムを離れてはいたが、ヨセフは行き先を探して新しい放牧地に行き着いた。

草原のかなたにヨセフの姿を発見した兄たちは、「おーい、ヨセフが一人でやってきたぞ。こらしめてやろうじゃないか」「いや、それは手ぬるい。殺してしまおう」と気負い込んだ。

「勝手な夢を見つづけられちゃ、我々の立つ瀬がない。殺して、穴に投げ込もう」

しかし長男のルベンは言った。「血を流してはいけないよ。突き落とすだけにしよう」

「うん、父には野獣に食われて死んだ、と言えばいいな」

ヨセフが近づくと、長い晴れ着をはぎ取り、穴の中に突き落とした。それからみんなで愉快そうに食事をしたが、そのとき野原の北東方向から隊商の列が近づいてくるのが見えた。

そこで四男のユダが提案した。「隊商に売れば、いくらか金も入るぞ！」

20 侍従長の妻が言い寄る

ルベンが別の用事から戻ってくると、穴の中にヨセフはいない。訳を聞けば兄弟たちは「穴から引き上げて隊商に銀二十枚で売り渡したよ」と平気な顔で言った。

「これでは父に何とわびたらいいのだ」と、ルベンは泣いた。日暮れが近づいたら、彼は自分独りでヨセフを穴から引き上げ、父のところへ帰そうと考えていたのだ。

「ああ、大変なことをしてしまった」

兄弟たちは、ヨセフの晴れ着や下着を拾い集めて引き裂き、雄ヤギを殺してその血で染めあげた。そして使いを頼んで血染めの衣類を父ヤコブの家に届けさせ、こう言わせた。

「こんな物を見つけましたが、あなたの息子さんの衣類でしょうか」

「ああ、ヨセフが着ていたものだ。きっと野獣にかみ裂かれたのに違いない」

ヤコブは自分の衣を引き裂き、粗布《あらぬの》を腰にまとって何日も嘆き悲しんだ。彼は「ヨセフを溺愛した結末がこれなのか」と心から悔やみ、兄たちも心に傷を負うこととなった。

さて、隊商によってエジプトに連れてこられたヨセフは、エジプト王ファラオの侍従長ポティファルに奴隷として買い取られた。ポティファルは、ヨセフの頭脳を見込んで自分の家で使用人として重用し、財産や農地をはじめ家計全体の管理を任せた。

ヨセフは母ラケルによく似ていて、顔だちも体つきも美しく整っていたので、ポティファル夫人もすっかり気に入ってしまった。そしてある日、夫が出勤したあとヨセフに「私の床に入りなさい」と命じた。

「いくら私の主人の奥様でも、そればかりはお受けできません。どうかご容赦を……」

彼女は毎日のようにヨセフに言い寄った。ある朝、ヨセフが主人の家で仕事を始めようとしたところ、彼女はいきなりヨセフに抱きつき、上着をつかんで床に引っ張りこもうとした。驚いたヨセフは、身をかわして夫人の手からすり抜け、外に逃げた。すると彼女は家の使用人を集めて叫んだ。

「ヨセフは私にひどいことをしたんですよ。朝から床に連れ込んで迫るとは」と、脱がせた上着を見せびらかした。夫のポティファルが帰宅すると、夫人は思いっきりの悪態をついた。

「ほら、あなたがヘブライ人などを連れてくるから、こんなことになったんです。何とかしないと、きっと私は危険な目に遭います」

ポティファルも怒り狂ってヨセフを捕らえ、王の囚人を収容する牢屋に入れた。しかしヨセフは決して慌てなかった。

21 牢屋の中で夢解き

牢屋の看守長は、ヨセフの実直な態度に感心し、無実による投獄に間違いないと確信する。やがてヨセフを囚人たちのリーダー格に選び、ついに牢屋の監督を任せるまでになった。そんなときヨセフたちの牢屋に二人の罪人が送られてきた。

ファラオの給仕長とコック長にミスがあり、食事中にファラオを怒らせてしまったのである。侍従長ポティファルは、新しい囚人をヨセフに預けて世話をさせることにした。

ある朝、給仕長とコック長はふさぎ込んでいた。ヨセフが訳を尋ねると、二人ともふしぎな夢を見て困っているのだという。「夢を解き明かしてくれる人はいないでしょうか」

ヨセフは言った。「夢解きは神がなさることです。ところで、どんな夢だったのですか」

給仕長はこう語った。「夢の中にブドウの木が現れ、三本の蔓《つる》が花を咲かせたかと思うと、ふさふさとしたブドウが熟したのです。ファラオの杯を手にしていた私は、そのブドウを摘んで杯にジュースを搾り、ファラオに差し上げました」

「三本の蔓は、三日のことです。ファラオは三日後、あなたを元の職務に戻してくれます」

そして ヨセフは給仕長に頼んだ。「ファラオに杯をささげる役目に戻ったら、どうか私の身の上や無実のことをファラオに話し、牢屋から出られるように取り計らってください」

三日目はファラオの誕生日で、宮廷では盛大な祝宴が開かれて給仕長は大いに活躍したが、ヨセフの頼み事などはすっかり忘れてしまっていた。

片や、コック長が語った夢。「蔓で編んだかごが三個、私の頭に載せられていて、一番上のかごには我々が調理したご馳走が入っていましたが、鳥がきてそれを食べ始めたのです」

そしてヨセフの夢解きのとおり、コック長は三日目に木につるされ、頭を鳥につつかれて死んでいった。

それから二年後、こんどはファラオ自身がふしぎな夢を見た。しかも一晩に二回も。

――ファラオがナイル川の岸辺に立っていると、よく肥えてつやつやした雌牛が七頭、川から上がってきて草を食べ始めた。そのあと、やせ細った醜い雌牛が七頭、岸辺に上がってきて、先の肥えた雌牛を食い尽くしてしまった――

――一本の茎が地面から生えてきて太い穂を七本も伸ばし、麦の粒をびっしり実らせた。そのあと別の茎からも七本の穂が出てきたが、どれも干からびて実がまったく入っていない。この干からびた穂が、太くよく実った穂をすべて飲み込んでしまった――

ファラオは、朝から胸騒ぎが収まらず、「何かの予兆に違いない」と震え上がった。

22 ファラオの夢の意味

ファラオは侍従長に命じて、エジプト中の賢者と魔術師を呼び集め、自分が見た夢を丁寧に語ったが、それが意味する予兆を解き明かせる者は一人もいなかった。そのとき給仕長はやっと自分の夢解きをしてくれたヨセフのことを思い出し、ファラオに申し出た。

「まことに申し訳ないことに、夢解きの名人ヨセフのことを忘れておりました。彼は一緒にいた牢屋で、『私が三日後に給仕長に復職する』と予見し、その通りファラオに赦されたのです」

侍従長のポティファルも恐縮して言った。「私の落ち度で、聡明で知恵の優れたヨセフを二年余も収監したままにしておりました。今すぐ赦免して王様の前に出頭させます」

身だしなみを調えたヨセフは、ファラオの前に呼び出された。

「お前は夢解きの名人だと聞いたが、ほんとうか」

「いいえ、神がファラオの幸いについて告げられることです。私は伝え役に過ぎません」

ファラオは身を乗り出して、自分が見た二つの夢の筋を語った。

「ファラオの夢は、二つとも同じ意味でございます。神がこれからなさろうとしていることを、ファラオにお告げになったのです」

「ほう、何か大変なことが起こるというのだな」

「要するに今後七年間、エジプト全土に大豊作が訪れます。しかし次の七年間は、一転してひどい飢饉に見舞われ、国が滅びる恐れさえあります」

「では、ヨセフは、どのように対処すべきだと考えるのか」

「はい。ファラオは今すぐ、聡明で知恵のある人物をお選びになってエジプトの国を治めさせ、また国中に監督官を配置して農産物の管理を徹底する必要があるでしょう」

「なるほど、具体的な提案だな」

「もう少し言わせていただければ、豊作の七年間に産物の二割を徴収なさいますように。それだけ備蓄しておけば、次の七年間の飢饉を乗り越えることができるはずです」

ファラオをはじめ家臣や従者も、みんなヨセフの発言に感心した。それから合議に入ったが、「こんなに神の霊を宿している者は、ほかにいるだろうか」「今から国中を探しても、そう簡単には見つかるまい」「準備は早いほど良いのではないか」と、焦りばかりが募ってくる。

ファラオは決然とヨセフに向かって言い渡した。

「お前をわが宮廷の責任者とする。国民はみんなお前の命に従うであろう」と、自分の指から印章つきの指輪を外してヨセフの指にはめ、金の首飾りをヨセフの首にかけた。

23 七年の豊作、七年の飢饉

首相に指名され亜麻布《あまぬの》の宮廷服を着てファラオの前に立ったとき、ヨセフは三十歳になっていた。さらにファラオはヨセフにツァフェナト・パネアという名前を与え、祭司ポティ・フェラの娘アセナトと結婚させた。これによりヨセフの威光はエジプト中に広がった。

それからヨセフはファラオの二台目の馬車に乗って全国を巡回し、大都市以外の各地方にも穀《こく》倉《ぐら》を建設させて余剰の穀物を蓄えさせた。七年間の豊作はまさに未曾有のもので、農民たちは朝から晩まで忙しく働き、個人用の倉庫にも穀物が満ちあふれた。

飢饉がくる前に妻アセナトが二人の男児を生んだ。ヨセフは「神が私の苦労を忘れさせてくれた」と喜んで、長男をマナセ（意味は、忘れさせる）と名づけ、また次男には「神は悩みの地で家族を増やしてくれた」と言って、エフライム（意味は、増やす）という名前をつけた。

やがて訪れた飢饉はまさに激烈で、世界各地に及んだ。エジプトでも蓄えの少ない庶民は、まっさきに食糧難にあえぎ、ファラオに救いを求めたが、ファラオは「責任者のヨセフに従うように」と命じた。ヨセフはすべての穀倉を開いて穀物を販売し、支払われた銀はすべて国庫に納入させた。

庶民に銀がなくなると、こんどは馬や羊、牛、ロバなど家畜と引き換えに穀物を与えた。もう手放すものがなくなった庶民は、ついにファラオにこう訴えた。

「もう農地しか残っていません。どうか土地をお買い上げください」「私どもは農地とともにファラオの奴隷になります。種を配給していただければ、農地も荒れ果てずにすみます」

ヨセフはエジプト中の農地をファラオのために買い上げた。こうしてエジプト全体がファラオのものになっていく。ただし、祭司はファラオから手当てが支給されていたので、農地を売らずにすんだ。

ヨセフは庶民に対して布告を出した。

「農地とともにファラオに買い取られた農民には、作物の種を配給する。つまり、これまで通り畑作を続けてよろしい。ただし収穫のとき収量の二割をファラオに納入のこと。残りの八割は家族の食糧などに自由に処分できるが、次年度作付け用の種を忘れずに残すこと」

大きなナイル川を抱えるエジプトでもこんな惨状だったから、もともと荒れ地や草原の広がる砂漠周辺では多数の餓死者が出た。遊牧民にとっても、草の育ちが悪くなってくると家畜がやせこけ、干上がる井戸も増えていた。ヨセフも、カナン地方で暮らしているはずの父や兄弟のことが、だんだん気になりはじめた。

24

穀物求めエジプトへ

日照りが長引くにつれて、カナン地方でも食糧不足の不安が高まってきた。もともと穀物の備蓄など考えたことのなかった父ヤコブだが、一族が生き延びるためには買い出しの潮時だと感じていた。彼は息子たち全員を呼んで言った。

「噂《うわさ》によると飢饉の前、エジプトでは大豊作が七年続いたそうだ。私には銀の蓄えは十分にある。一番下のベニヤミンを除き、兄十人でエジプトまで穀物の買い出しに行ってほしい」

十人の兄弟はそれぞれロバを引いて、西方のエジプトへ向かった。目的地は穀物を最もたくさん備蓄しているはずのファラオの宮廷であった。宮廷に到着すると十人は、エジプト国民に穀物を販売する部署の責任者の部屋に案内された。

床にひれ伏していた兄弟たちが顔を上げると、ヨセフは「ああ、兄たちだ」と驚いたが、素知らぬ顔をして厳しい口調で問いかけた。

「お前たちはどこからきたのか。何が目的なのだ」

「はい、カナン地方からきました。飢饉がひどく、穀物を買いに参りました」

会話には通訳が入ったので、兄弟は誰一人として相手がヨセフであるとは気づかない。

「それは嘘だろう。わが国の手薄なところを探りにきたのに違いない。正直に申さぬと、身のためにならないぞ」

「いいえ、ご主君様。家族のために食糧を手に入れたいだけでございます」

「誰かに頼まれてきたはずだ。隠し事をすると容赦はしない」

「しもべどもは、一人の男を父とする兄弟です。ほんとうは十二人いたのですが、一人を失い、末の弟は父のもとに残っております」

「その証明には、末の弟をここに来させる必要がある。誰か一人帰って、その弟を連れてこい。誰を帰らせるかは牢屋の中で決めたらよい」

監禁して三日目、ヨセフは十人を牢屋から出して言い渡した。

「私は神を畏れる者だ。一人だけ残して他の者を釈放するから、家族のために穀物を持ち帰るがよい。そして末の弟を含め兄弟全員で再びここにくれば、嘘でなかったことが証明されるので、監禁中の者も釈放される。それ以後は家族すべてが自由にこの国に出入りしてよろしい」

残留することになったシメオンは、みんなの目の前で看守によってしばられ、牢屋へ引かれて行った。他の兄弟がロバのところへ戻ると、すでに膨れ上がった穀物袋がロバの背中に積まれており、めいめいが役人から道中の食料を受け取ると、深々と礼拝して帰途についた。

25 ヤコブの子ら公邸に集う

カナンへ帰る途中、最初の宿泊地で兄弟たちが穀物袋をのぞいてみたら、払ったはずの銀がそっくり戻されているではないか。ふしぎだ。驚いて、互いに顔を見合わせた。

「買い出しに行ったのに、ただでくれたのか」「きっと神の思し召しに違いない」

父ヤコブの家に着くなり、兄弟たちは買い出し旅行の一部始終を父に報告した。一連の出来事を知って最も強く打ちのめされたのは、ヤコブに違いなかった。

「最愛のヨセフを野獣に食い殺された上に、シメオンも囚《とら》われの身となってしまった。さらにベニヤミンを差し出せというのか。いや、この子だけは絶対に放さないぞ」

しかしカナンの飢饉は激しさを増すばかり。持ち帰った穀物を食べ尽くすと、父は息子たちに再度の買い出しを頼んだ。すると、四男のユダが父を見つめて言った。

「エジプトの首相は『下の弟が一緒でない限り、私の顔を見ることは許さぬ』と言い渡したのです。ベニヤミンを連れて行かなければ、シメオンの釈放もありません」

みんなの考えが混乱して話は前進しない。そこで父がやっと折れた。

「ああ、仕方がないか。それなら乳香、蜜、樹脂、没薬《もつやく》、ピスタチオ、アーモンドの実などカナンの名産を贈って礼を尽くそう。それに、お返しの分も含めて銀を三倍持っていきなさい」

そしてヤコブはひれ伏して、全能の神に憐れみを請うた。

場面は一転、カナンからエジプトへ。

十人の兄弟がファラオの宮廷に到着すると、ヨセフは目ざとく最も近親の弟ベニヤミンの姿を見つけてうなずき、公邸を任せている執事に耳打ちした。

「夕食を共にするから、この人たちを公邸へ案内しなさい。ご馳走を調えるように」

公邸に通された兄弟たちは、変事の前触れかと不安になったが、召使いに足を洗ってもらい、シメオンがにこにこ顔で現れると、一同の緊張がすっかり解けた。そこへヨセフも登場する。

「年を取った父上は、元気でおられるか」「末の弟だね。神の恵みがお前にあるように」

ここまで言うと、こらえきれなくなり、席を外して奥の部屋で泣いた。戻ってくると「食事を出しなさい」と号令。料理は年長者のルベンから配られたが、最後のベニヤミンには五倍も多く盛りつけられた。一同はワインの酒宴を思い切り楽しんだ。

そして召使いたちを退室させると、ヤコブはようやく身分を明かし、声を上げて泣いた。

「兄たちに売られたことを恨んではいない。一族の命を救うために、神が私をひと足先にエジプトにお遣《つか》わしになったのだ。飢饉はまだ五年も続く。一緒に乗り切ろう」

26 ナイル河口で羊を飼う

「公邸での客人接待で、ヨセフ首相が声をあげて泣いていた」という話は、ファラオの耳にも入った。ファラオはヨセフに言った。

「年老いた父上も心細いであろう。穀物を積めるだけ積んで、兄弟たちを一度カナンへ帰らせなさい。そして父上を含め一族郎党とともにこの国へ引っ越してきたらよいではないか。何もかも運搬できるように、馬車を必要なだけ出そう」

ヨセフはファラオに感謝し、兄弟たちを説得した。

「まだ飢饉はこれから五年も続くのですから、ファラオの厚意にすがり、一族そろって生き延びようではありませんか。私が生きていることを父にも話してください」

ヨセフはファラオの命令に従って、馬車や道中の食料だけでなく、全員に晴れ着を与えた。さらに父への贈り物を積んだロバ二十頭も追加して兄弟を送り出した。

「ヨセフが生きていて、首相になっている」と聞いて気が動転した父ヤコブも、正気を取り戻すと「さあ、みんなでヨセフに会いに行こう」と移住の指揮を取った。

途中のベエル・シェバでは、ヤコブは祭壇を築いて父イサクの神に捧げ物をした。こうしてヤコブは息子や娘や孫たち七十人のほか、召使いや使用人、家畜すべてを伴って、ナイル川の河口に近いゴシェン地方のラメセスに移り住んだ。

ヨセフが息子のマナセとエフライムを連れてラメセスを訪ねると、父は「この二人も私の子どもにしたい」と言って祝福した。それからヨセフは父を宮廷に招き、ファラオの前に立たせた。

ファラオが丁重に尋ねた。「何歳におなりですか」

「百三十年生きてきました。これまでの生涯は苦しみ多く、先祖の年月には遠く及びません」

「牧草の多いエジプトでは、豊かに暮らせるのではないでしょうか。ゴシェンがよければ、お好きなだけ住みつづけてください。兄弟の誰かに私の家畜の飼育監督をお願いしてもいい」

ヤコブはエジプトでさらに十七年生き、百四十七歳で死んだ。遺言に従って、アブラハムが入手したヨルダン川東岸のマクペラの洞穴に葬られたが、遺体は防腐剤を使ってミイラ処理され、七日間の追悼式のあと、ファラオの許しを得てヨセフも重臣たちとともに葬列に加わった。ファラオの騎兵隊や戦車も参加したので、カナン人は目をむいて驚いた。

公職を辞してからもヨセフは、父の家族たちとエジプトに住みつづけ、エフライムの孫まで見て百十歳で死んだ。死に際の言葉。「神は必ずわが一族を顧みてくださり、アブラハム、イサク、ヤコブに約束した土地に導いてくれる。そのとき私の骨をカナンまで携えてほしい」

27

王女が育てたモーセ

ヨセフが死んで約四百年後、ナイル川の河口に近いゴシェン地方でヤコブの子孫、つまり「イスラエルの民」は男性だけを数えても六十万人に増えていた。ヨセフのことなどを少しも知らない新しい王朝のファラオは、イスラエルの民の人口圧力に音を上げはじめる。

「イスラエル人は、我々にとってあまりに数が多く、強力になり過ぎた。ひとたび戦争が起これば、敵側に回ってエジプトを攻める恐れがある」

ファラオはゴシェン地方を担当する強制労働の監督官を置き、羊飼いとは何の関係もない重労働を課して虐待を加えた。ファラオの物資貯蔵庫の建設、その建材となるレンガ焼き、そのほか様々な農作業……。要するに、羊飼いという自由人を奴隷に変えてしまったのである。

しかし労働が厳しさを増しても、出産の勢いはいっこうに衰えない。そこでヘブライ人の助産婦を指導して「男の子が生まれたら、一人残らず殺してしまえ。それが無理ならナイル川に放り込め」と命じた。

ヤコブの三男レビの子孫に生まれた男の子は、あまりにかわいいので、家族は川に捨てるのを拒んだ。しかし三カ月もたつともう隠しきれず、防水加工を施したパピルスのかごに入れて川岸のアシの茂みにそっと浮かべた。

その赤ん坊の姉が「どうなることか」と心配で、遠くから様子をうかがっていると、ファラオの娘が水浴びに現れ、かごを見つけた。覆いをはぐってみると、男の子が泣き出した。

王女は「ヘブライ人の子だわ。でも、とてもかわいい」と抱き上げた。そのとき、赤ん坊の姉が王女の前に進み出て、

「その子に乳を飲ませるヘブライ人の乳母を呼んで参りましょうか」

「それは助かるわ。ぜひ、お願い」

姉はすぐ家に帰り、自分の母親を連れて川岸に戻った。王女は喜んで、

「この赤ん坊を連れ帰り、私の代わりに乳を飲ませておやり。手当ては私が出しますから」

こうして赤ん坊は実の母親に育てられ、大きくなってから王女のところへ連れていかれた。王女も自分の望みがかなったことに満足し、モーセ（意味は、水から引き上げる）と名づけて宮廷で自分の子として養育を続けた。

モーセは成人すると、ゴシェン地方に足を運ぶようになり、重労働を強いられている同胞たちの姿を見て心を痛めた。そして「民族そのものが奴隷状態に置かれているヘブライ人を救い出したい。それは宮廷で育った自分の責務だ」と思い始める。

28

逃げのびてシナイ山へ

次にゴシェンを訪れたモーセは、一人のエジプト人が同胞のヘブライ人を打ちのめしている現場に出くわした。周辺に誰もいないのを確かめると、虐待中のエジプト人に襲いかかり、殴り殺して死体を砂に埋めた。この事件を知ったファラオはモーセを指名手配して追っ手を放ったので、彼はエジプトから東へ東へと逃げ、シナイ半島の東部に到達した。

モーセがミディアン地方の井戸端で休んでいると、七人の娘が羊の群れを連れてやって来た。彼女たちは井戸から水を汲み上げ、水槽を一杯に満たして羊たちに水を飲ませようとしたところ、羊飼いの男たちが現れて娘たちを追い払いにかかった。

「おい、その水は彼女たちが汲んだものだ。横取りは許さんぞ」とモーセが立ち上がってすごんだので、男たちはやむなく引き下がった。娘たちが羊を連れて家に戻ると父親は驚いた。

「羊たちにしっかり水を飲ませたか。きょうは早くすんだのだね」

「井戸端にエジプト人の若者がいて、水汲みを手伝ってくれたお陰です」

「その方をどうして放っておくのだ。呼んできて、食事を差し上げなさい」

七人娘の父レウェルは、ミディアン地方の祭司であった。モーセがミディアンに留まろうと決意したので、父は娘のツィポラと結婚させた。やがて生まれた男の子にモーセはゲルショム（意味は、寄留者）と名づけた。

それから長い年月がたち、エジプトでは新しいファラオが登場したが、イスラエルの民は相変わらず奴隷として強制労働にあえいでいた。彼らのうめき声、叫び声が先祖アブラハム、イサク、ヤコブの神に届いた。

しゅうとの羊を飼っていたモーセは、荒れ野の奥へ羊の群れを追っているうちに神の山シナイ山（ホレブ山）に入ってしまった。山から炎が上がっているのに、なぜか燃え尽きる気配はない。この光景に目を奪われていると、炎の間から呼び声が聞こえる。「モーセよ、モーセよ」

モーセが「はい」と答えると、

「いま立っているところは聖なる場所だ。履物を脱ぎなさい。私はお前の先祖アブラハム、イサク、ヤコブの神、主である」

モーセは神を畏れて両手で顔を覆った。

「エジプトにいるわが民イスラエル人は、苦しみの真っただ中にある。彼らを救い出して、乳と蜜のあふれる広大な土地へ導きたい。そこにはカナン人、ヘト人、アモリ人、ペリジ人、ヒビ人、エブス人が住んでいるが、この目的を果たすためにお前をファラオのもとへ遣《つか》わす」

29 ファラオとの交渉が難航

モーセは、突然の神の指示に困惑して、主に申し上げた。

「ファラオは手ごわいに違いありません。どうしてそんな大役が私に務まるでしょう？」

「私はいつもお前と共にいる。お前がイスラエルの民をエジプトから脱出させたあと、再びこの山上で私に仕えることになろう」

「はい。エジプトにいるヘブライ人の長老たちには『イスラエルの民をカナンへ導くために先祖の神に遣わされてやって来た』と伝えます。しかしファラオの説得は難しいはずです」

「確かにファラオは頑迷に抵抗する。それでもお前が繰り出す奇跡で必ず要求を通せる」

「奇跡といいますと、例えば……」

「お前が手に持っているものは何か」「杖です」「それを地面に投げてみよ」

言われた通り地面に投げると、蛇に変わった。モーセは驚いて後ずさりした。

「では、手を伸ばして蛇の尾をつかめ」

そのようにすると、手の中で杖に戻った。しかしモーセには一つ気になる苦手があった。

「主よ。私は生まれつき口下手で、唇や舌が思うように動かないのです」

「何を心配しているのだ。お前にはアロンという雄弁な兄がいるではないか。彼はいまお前に会うためにこちらに向かっている。今後はお前たち兄弟に、なすべきことを逐一教えよう」

モーセは羊の群れを連れて自宅に戻り、しゅうとに頼み込んだ。

「エジプトへ帰らせてください。親族がまだ元気でいるかどうか知りたいのです」

モーセは妻子をロバに乗せ、手に神の杖を携えてエジプトへ向かった。その途中から兄アロンも旅に加わる。兄に先祖アブラハム、イサク、ヤコブの神の指示をすべて伝え終えると、モーセにも自信が湧いてきた。

エジプトのゴシェンに着くと、イスラエル人の長老を集めて神の指示をすべて伝えた。そして人々の目の前で奇跡のいくつかを実行したので、ゴシェンの人々には「いよいよファラオの苦役から逃れられるのだ」という希望が広がった。

それから八十歳のモーセと八十三歳のアロンは、宮廷でファラオとの交渉に入った。

「どうかイスラエルの民を奴隷から解放してください。歩いて三日間のところにある山で、イスラエルの神に犠牲をささげたいのです。そうしないと神は疫病や剣で我々を滅ぼされます」

「その神とは、いったい何者だ。そんなものは知らぬ。仕事をサボろうとすれば、レンガを焼く数量を増やして締め上げるぞ。君たちも仕事場に戻って、労働に励め」

30 主の指図で奇跡を連発

モーセとアロンは、なおもファラオに食い下がった。

「私どもイスラエルの神は、いざの時は奇跡を現して相手を説得するように教えています」

「ほう、どんな奇跡を現すことができるのじゃ?」

アロンが自分の杖をファラオと家臣の前に投げると、杖は蛇になってくねくねと動き出した。そこでファラオは賢者や呪術師を呼んで同じことをやらせた。確かに彼らの杖も蛇にはなったが、アロンの杖から生じた蛇は機敏に動き回って、後から加わった蛇をすべて飲み込んでしまった。それでもファラオは意地を張って考えを改めず、モーセらの要求を拒んだ。

そこで翌朝、二人は主の指示どおりナイルの川岸に立ち、ファラオが宮廷から出てくるのを待って杖で水面を打った。すると川の水は血に変わり、魚は死んで悪臭を放ち、エジプト人は川の水が飲めなくなった。しかし魔術師も同じことができたので、ファラオは意地を張りつづけた。

それから七日後、二人は主の指示どおり杖を使って蛙をエジプト中の家の中に侵入させた。しかし魔術師も同じことができたので、ファラオは意地を張りつづけた。

次に二人は、杖で地面を打って土ぼこりをブヨに変えると、エジプト中の家畜が刺され、飼い葉を食べなくなった。今度は魔術師もまねできなかったが、ファラオは意地を張りつづけた。

さらに二人は、水辺に下りてくるファラオを出迎え、「どうかわが民を奴隷から解放して、三日間歩いた山でわが主に犠牲をささげさせてください。でなければ、エジプト中の家も畑もアブに襲われるでしょう。ただイスラエルの民が住むゴシェン地方には、アブは現れません」と訴えた。しかしアブの被害が主の差配で収まると、またファラオは意地を張りつづけた。

その後も、二人は主の指示どおり疫病の災い、腫《は》れ物の災い、雹《ひょう》の災いでファラオを攻めたてた。ついにイナゴの災いによりエジプト中から草木の緑が枯色に変わり、三日間エジプト中を包んだ暗闇の災いでは昼夜を通して何も見えず、自分の席から立ち上がることさえできなかった。それでもファラオは意地を張りつづけ、モーセらの要求を受け入れなかった。

ただ、ファラオが折れかかってきたと見るや、モーセはファラオの前で宣言した。

「イスラエルの民がエジプトを出るときは、働き手や妻子はもちろん、家畜もみんな一緒です。ファラオご自身からも神への捧げ物をいただき、祭壇で黒焼きにします」

するとファラオは「自分たちの羊や牛をすべて引き連れて、エジプトから立ち去ってほしい。あなたたちが願っていたように、神の山で主に仕えるがよい。そして私のことも祝福してもらいたい」と答えた。急がせないと、更なる災いが降りかかると思ったのである。

31 最後の災いは主が担当

ファラオとエジプトに対する最後の災いは、モーセらを介さず主自身が直接加えられた。それに先立ちヘブライ人には、モーセを通じて次のようなメッセージが伝えられた。

「イスラエルの民は一家に一頭、子羊か子ヤギを用意すること。そして今月十四日に処理し、その血を取って家の入り口の左右の柱と鴨居《かもい》に塗らなければならない」

「その夜、その肉を丸ごと火で焼き、酵母を含まないパンを添えて食べること。ただし、いつでも旅立てるように腰帯を締め、靴を履き、杖を手にして急いで食べなければならない」

「その真夜中、わたしはエジプト中をめぐり、人と家畜の長子（母親が最初に産んだ子）を残らず殺す。しかし入り口に血を塗った家は過ぎ越すので、この災いは及ばない」

「イスラエルの民は、この月を年の始めと定め、末長く毎年正月十四日を過越祭《すぎこしさい》として祝わなければならない」

主の勧告メッセージは、またたく間にゴシェンに住むヘブライ人に広がり、すべての家庭で実行された。真夜中近く、ヘブライ人は分隊ごとまとまってラメセスを出発し、明るい月夜道をスコトへ向かった（地図②参照）。いよいよ強制労働から解放されるのである。

隊列の前方には火の柱が現れ、日が昇れば雲の柱が立って、進むべき方向が指示された。それに従うと、荒れ野の中のくねくね道を通って「葦《あし》の海」に出た。そのときモーセは、主の指示に従って手を海に向けて伸ばした。すると目の前の海面が左右に大きく裂けて、隊列が十分通れるだけの道幅が開かれ、底の砂地が見る見る乾いていった。

そのころファラオのもとに「ヘブライ人が大挙して逃亡した」という報告が入る。「何十万という奴隷がいなくなれば、エジプト経済が立ち行かなくなる」と後から気づいたファラオは、ヘブライ人を呼び戻そうと、エジプトの戦車数百台に訓練で鍛えた戦士を乗り込ませ、さらに騎兵隊も引き連れてモーセの隊列を追わせた。

ヘブライ人の長い隊列の最後尾が砂地の海底を通って対岸の陸地に到達するころ、後ろから追ってくるエジプト軍の戦車隊と騎兵隊の雄叫《おたけ》びと怒号が聞こえてきた。それと同時に葦の海の上空に真っ黒な雲が立ち込め、だんだん下りてきてエジプト軍を包み込んでいく。

迫りくるエジプト軍に向けてモーセが手を伸ばすと、裂けていた海面が閉じはじめ、海水が戦車隊と騎兵隊の頭上に流れ落ちた。ファラオの軍勢が海に飲まれて壊滅していく光景を目に焼き付けたヘブライ人は、モーセとともにシナイ山（ホレブ山）へ向かって歩を進めた。

四百三十年続いたイスラエルの民のエジプト暮らしは、こうして幕を閉じたのである。

32 命を支えた天の配剤

イスラエルの隊列はシナイ山をめざして南下した。どこまでも荒れ野が続き、三日歩いても飲み水に出合えなかった。やっとマラで大きな池を見つけたが、苦くて飲めない。そこでモーセが主の指示どおり一本の木の枝を切って池に投げ込んだところ、水の苦みが消えて甘くなった。

エリムに着くと、十二の泉の周りにナツメヤシが七十本も茂っており、この木の間にテントを張って骨身を休めた。しかしゴシェンからコートなどに包んで持参した酵母抜きのパンなどがなくなると、隊列のあちこちからモーセとアロンに対する不平、不満の声が吹き出した。

「仕事はきつくても、ゴシェンでは肉の鍋を囲み、パンも腹いっぱい食べられた」

「こんなことなら、主の手にかかって死んだ方がましだ」

「こんな荒れ野の真ん中で、どんな食べ物が得られるというのだ」

こうした人々の愚痴を聞き届けた主は、モーセに言われた。

「誰もが夕暮れには肉を、朝にはパンを食べて満腹できるようにする。こうすれば、わたしがイスラエルの民の神、主であることを知るに違いない」

モーセは神から聞いた言葉をそのまま人々に伝えた。その夕暮れ、さっそく無数のウズラが飛んできてテント村の地面を埋めつくした。また朝になると、荒れ野一面に露が降り、蒸発した跡に壊れやすい霜のようなものが薄く残っていた。モーセは人々に告げた。

「これこそ主が授けてくれたパンである。主は『家族一人あたり一オメル（二リットル余）ずつ集め、残さずに食べきるように』と仰せられた。ただし六日目だけは、翌日分を含め二オメル集めること。七日目は主の聖なる安息日だから、野には何も見つからないだろう」

この独特のパンをイスラエルの民は「マナ」と呼んだ。それはコエンドロの種のように白く、蜜の入ったウエハースに似た味がした。彼らは多くの人々が住むカナン地方に近づくまでの四十年間、このマナを食糧とした。

エリムを出発してシンの荒れ野に向かったのは、エジプトを出て一カ月後の二月十五日であった。途中、イスラエルの民は何度か渇きに耐えねばならなかったが、この辺りの遊牧民アマレク人にテント村を襲われたときは震え上がった。モーセは従者ヨシュアに命じた。

「屈強な若者を選び出し、みな剣を持ってアマレクの本拠に向かえ。私は神の杖を持って丘の上から見守るので、戦闘の指揮を取ってほしい」

モーセが丘の頂上で手を上げている間はヨシュア軍が優勢になる。アロンらはモーセの腕を左右から支えつづけ、夕方までにアマレク軍を打ち破った。

33 民と主の「シナイ契約」

イスラエルの民はエジプトを出発して五十日目、モーセが最初に主から命令を受けたシナイ山の麓に到着し、荒れ野にテントを張った。モーセが一人で山に入って頂上に近づくと、「人々にこう告げなさい」という主の声がして、次のように続けられた。

「わたしは、あなたたちをエジプトから脱出させ、ここまで導いた主である。これからもわたしの声に従い、わたしとの契約を守るならば、あなたたちは祭司の王国の聖なる国民となる」

モーセはテント村に戻って長老たちを集め、主の言葉を伝えたところ、全員そろって

「私たちは主が定められた規定に従い、そのとおり実行します」

と答えた。イスラエルの民の意思を確認した主は、

「わたしは三日後に山上に降《くだ》る。すべての民に衣類を清潔に洗って待つようにと命じなさい。その日はモーセを除き入山を禁ずる。ただし角笛が鳴り響いたとき、全員が麓に立つように」

三日目の朝、厚い雲に覆われた山に雷鳴がとどろき、稲妻が走り、角笛が鋭く鳴り響いた。山上でモーセが語りかけると、主は雷鳴の合間に十項目の契約内容を告げられた。

「一、イスラエルの民には、わたし以外の神があってはならない」

「二、どんな形でも像を造ったり、仕えたりしてはならない。わたしは熱情の神である」

「三、イスラエルの神、主の名をみだりに唱えてはならない」

「四、安息日は聖なる日である。他の六日は、何であれ自分の仕事をし、七日目は神の安息日だから、一切働いてはならない。家族も奴隷も、寄留者も家畜も同様である」

「五、あなたの父母を敬え。そうすればあなたは、主が与える土地に長く生きられる」

「六、人を殺してはならない」

「七、不倫な関係を結んではならない」

「八、人の物を盗んではならない」

「九、こびたり、かばったり、おとしめるなど、隣人に関して偽証してはならない」

「十、隣人の妻、奴隷、家畜など、他人のものを欲しがってはならない」


以上の「十戒」は、モーセが長老たちに伝え、長老は各グループの人々に徹底させた。

主との契約としては、これまで族長のアブラハム、イサク、ヤコブに対して「主が一方的に恩恵を与える」約束があり、それを承諾した証拠として部族の男子が割礼を受けてきた。しかし十戒では、宗教的な要請のほか人倫の教えも加わった。そして神の戒めを守る者には子々孫々まで恵みを与え、戒めを否定する者は末代まで罪を問われることになった。

34 カナン地方を支族に配分

モーセに率いられたイスラエルの民は、シナイ半島で放牧生活を続けながら戦闘能力を身につけ、北上して四十年後に塩の海（死海）東側のモアブ平野を攻略した。そのとき主は、モーセをヨルダン川河口の東方にあるネボ山に登らせた（地図③参照）。ネボ山の頂上に立つと、かつて主がアブラハムやイサク、ヤコブに「子孫に与える」と約束したカナン地方全域が一望のもとに見渡せた。モーセは間もなくモアブで死んだ。百二十歳になっていたが、最後まで目はかすまず、活力に満ちていた。イスラエルには、その後もモーセのような偉大な預言者は現れなかった。

モーセが後継者に選んだ知恵者ヨシュアは、主の声を聞いた。

「イスラエルの民を引き連れてヨルダン川を渡りなさい。わたしは今後、あなたと共にいる。シナイの契約（律法）を守れば、どこへ行っても失敗しない。強く雄々しくあれ」

ヨシュアは、まずエリコに斥候《せっこう》を送った。その三日後、祭司たちに十戒を刻んだ石板入りの「契約の箱」を担がせ、四万人の戦士とともにヨルダン川を渡った。主の指示どおりに行動すると、エリコの城壁がもろくも崩れ去り、住民と家畜の大半が死んだ。アイの攻略も主の指示で進められ、ここでは家畜などを分捕った。

またモーセに命令されていた通り、ヨシュアはエバル山に祭壇を築いて捧げ物をした。ギブオン周辺に住むヒビ人は、殺されるのを免れたが、祭壇の柴刈《しばか》りや水汲みをしてイスラエルに仕えることになった。こうしてヨシュアは、ヨルダン川西岸のギルガルから地中海沿岸のガザに至るまで、そして南に点在する数多くの都市を滅ぼして家畜などを奪い取った。

さらにキネレト湖北側のハツォルの王ヤビンを盟主として連合軍が集結したという情報をつかむと、これを急襲した。このハツォルは炎上させたが、他の都市には火をつけなかった。

イスラエル軍がヨルダン川西側で征服した国々にはヘト人、アモリ人、カナン人、ペリジ人、ヒビ人、エブス人が住んでいたが、その王三十一人は討ち殺された。これより先、モーセがヨルダン川東側で征服したモアブ平野にはアモリ人などが住んでおり、支配していた二人の王もすでに討ち殺されていた。

しかしなお占領すべき土地としては、ペリシテ人とゲシュル人が住む全地域、それに西はエジプトとの国境から北はカナン人が住むエクロンまで残っていた。

百十歳に近づいたヨシュアは、主の指示により、未征服地を含むカナン地方全域を、祭司のレビ族を除く十二支族に配分した。各支族への相続地の割り当てには「くじ引き」が用いられ、相続地が少ないことに対する不満はヨシュアの助言によって解決された。

35 初代の王は期待はずれ

イスラエルの民は長い間、主の声を聞く「預言者」と、英雄的リーダーの「士師《しし》」によって統治されてきた。モーセの後継者ヨシュアの時代に始まった支族連合では、その後もエフド、デボラ（女性）、ギデオン、エフタ、サムスンといった士師が登場し、神の意向を民に伝えながら裁判官や軍事指導者の役割も果たした。

しかし最後の士師サムエルのとき、イスラエルの全支族の長老が相談して彼に進言した。

「あなたはすっかり年を取られた。今こそ他の国と同様に、全支族をまとめる国王が必要です」

サムエルは祈って、主の声を聞いた。

「それはわたしの意向による神政を否定することになるが、今は民の声に従うがよい。ただ、君臨する王の権限について知らせておきなさい」

そこでサムエルは民の代表を集め、はっきりと警告した。

「王を立てることは、民が王の奴隷になることだ。覚悟はできていますね。王はまず若者たちを徴用して戦車兵や騎兵に仕立て上げ、戦争のとき王の戦車の前を進ませる。あるいは王家のための耕作や刈り取り、武器の製作にも当たらなければならない」

「はい。それは辛抱しなければなりません」

「また娘たちも香料作り、料理女、パン焼き女として王家のために働かされる。それに民は大切な穀物畑、ブドウ畑、オリーブ畑を没収され、王の重臣や家臣に分け与えても、文句は言えない。少なくとも毎年、所有している羊の十分の一は税として徴収されよう」

「はい。それでも王が欲しいのです。我々も国が戦うときは協力し、王の裁きも受け入れます」

サムエルは、主の意向に従って王にふさわしい勇敢な男を物色しはじめた。そして逃げ出したロバを探しにやって来た若者に目を止める。彼はベニヤミン族キシュの子サウルで、勇敢なだけでなく美しさや背の高さでも群を抜いていた。

主も「サウルをイスラエルの指導者にすれば、民をペリシテ人の手から守れる」と告げた。サムエルは、サウルが主に選ばれた人であると悟り、頭に油を注いで初代の王位に就けた。主の配慮でサウルは間もなく預言者に仲間入りし、民衆は喜んで「王様、万歳」と祝った。

サウルはペリシテ人やアンモン人との戦いに勝つなど功績をあげたが、アマレク人との戦いでは攻撃の手を緩めたため、主の心はサウルから離れた。サムエルも「これでは王は務まらない」と見限り、サウルを超える人物を探しはじめる。ここで浮かび上がってきたのが南部のユダの国ベツレヘムに住むユダ族の羊飼いの息子であった。

36 ぱちんこで戦う少年

サムエルは、主の声を聞いた。

「いつまでもサウルのことを嘆いていてはならない。若い雌牛を引いてベツレヘムへ行き、羊飼いエッサイの家族とともに主のわたしに捧げ物をしなさい。そのとき油を注ぐ者を選ぶ」

サムエルはエッサイとその息子たちに身を清めさせ、いけにえの会食に招いた。兄弟は一人ずつサムエルの前を通ったが、主は「容姿や背の高さに注目するのではない」と諭した。

そこでサムエルは父のエッサイに尋ねた。「あなたの息子さんは、この七人だけですか」

「いいえ。末っ子のダビデは、いま野原で羊の番をしています」

「では、人を遣ってすぐ呼んできてください。兄弟がそろわないと食卓にはつけません」

金髪で巻毛の少年は血色がよく、目も美しく姿も立派だった。竪琴《たてごと》の名手だともいう。

サムエルに主の声が届いた。「いますぐ彼の頭に油を注ぎなさい」

ある日、悪霊に取りつかれて苦しむ王サウルに家臣が「竪琴弾きを雇い、癒やしの音曲を奏でさせたら、気分が晴れるのではありませんか」と進言した。

こうしてダビデは王命で呼び出され、竪琴を弾く仕事を得た。やがてエラの谷でペリシテ人との戦いが始まる。ダビデは父の依頼で戦場にいる三人の兄に食料を届けることになった。

彼が兄たちと話していると、谷の方からペリシテ人の巨人戦士ゴリアトが叫んだ。

「ここまで下りてきて、一騎討ちをする者はいないか。腰抜けイスラエルには無理かな」

イスラエルの陣営は「彼を討ち取れば、王様は大金と王女をくださるそうだ」「屈辱を晴らしたいが、自分には難しい」などとざわついている。ダビデはサウル王の前に進み出た。

「羊を飼っていると、羊がしばしばライオンや熊に襲われます。そんなとき私はたてがみをつかんで石で打ち殺します。わが民の主に挑戦するペリシテ人は許せません」

「そうか。行って戦うがよい」と、サウルはダビデに自分の鎧《よろい》を着せ、頭に青銅の兜《かぶと》を載せてやった。「主がお前と共におられるように」

ゴリアトは盾持ちを先に立て、ダビデに近づいてきた。血色がよく姿の美しい少年だったので、ゴリアトは侮《あなど》った。「お前の肉を空の鳥や野の獣にくれてやろう」

ゆっくり近づきながらダビデは腰の袋から小石を取り出し、ぱちんこ（小型の投石器）でゴリアトの額を打った。石は額に深くめり込み、敵はうつ伏せに倒れた。ダビデは走り寄って背中の上にまたがると、相手の剣を抜き取ってとどめを刺し、首を切り落とした。

それをきっかけにイスラエル軍は鬨《とき》の声をあげて、ペリシテ軍を追撃した。

37 イスラエルの黄金時代

一騎討ちで名をあげたダビデは戦士に採用され、その後も戦いのたびに手柄を立てた。ダビデが凱旋《がいせん》するといつも、女たちが町に集まって太鼓や三弦琴《さんげんきん》で歓迎し、「サウルは千を討ち、ダビデが万を討った」と合唱した。

ダビデの人気にショックを受けたサウル王は、ダビデを千人隊の隊長に選んで前線に送った。彼をペリシテ人に殺させようと企んだのだ。しかしサウルの息子ヨナタンの機転で危うく難を逃れた。さらにサウルは、わなにかけようと次女ミカルと結婚させる。しかしミカルがダビデを愛しており、主もダビデと共におられることを思い知り、いっそうダビデを恐れた。

やがてサウル王は、勢力を盛り返してきたペリシテ軍に苦しめられ、持ち前の軍事的手腕にも陰りが生じる。武勲を急ぐあまり強引な戦法をとったため戦死者が相次ぎ、ついにペリシテ軍との激戦で三人の息子と一緒に戦死した。

ダビデは主に託宣を求めたところ、主は言われた。

「家族や従者や兵士たちを連れてユダの国に上り、ヘブロンに住みなさい」

ダビデがヘブロンに着くと、ユダの人々はダビデに油を注ぎ、ユダ支族の王に選んだ。間もなくダビデの南方連合軍はペリシテ軍を打ち破り、周辺諸国を従えていく。サウルの子イシュ・ボシェトを王とする北方連合軍は、南方連合軍と激しく張り合ったが、ついにイスラエルの全長老がヘブロンを訪れ、ダビデに油を注いでイスラエル十二支族の二代目の王に昇格させた。

ダビデ王は強烈なカリスマ性で王権と王政組織を固め、ペリシテ軍から奪った要害の地エルサレムに都を置き、領土を拡大した。その範囲はユーフラテス川沿岸からエジプトの国境まで及び、一方で近隣諸国と友好条約を結んでイスラエルの黄金時代を築く。また、エルサレムに「契約の箱」を運び上げ、国民からモーセに次ぐ偉大な人物と尊敬を受けた。

しかし晩年には過ちを犯した。家臣ウリヤの妻バト・シェバを自分の妻にしたくなり、謀略によってウリヤを戦死させたのだ。預言者ナタンにとがめられ、「私は悪人である。死をもって罰せられて当然だ」と懺悔《ざんげ》したが、神は許さず、バト・シェバが生んだ第一子の命を奪った。

また、ダビデの妻たちから生まれた兄弟が妹を犯すという事件をきっかけに兄弟殺しが起こる。さらに父ダビデに対する謀反事件も起こり、王が一時エルサレムを追われたりもした。

ダビデは四十年も王位にあり、バト・シェバが生んだ最後の息子ソロモンを次の王に立てて世を去った。人生の終わりに詩人ダビデは、神を賛美した。

「主はわが岩、わが砦《とりで》、わが盾、救いの角。悪人はすべて茨《いばら》のように刈り取られる……」

38 栄華に酔い南北に分裂

ダビデの死後、その子ソロモンが祭司ツァドクから油を注がれ、イスラエル三代目の王位に就いた（紀元前九七〇頃）。知恵者ソロモン王は、外国貿易や金属精錬などでイスラエルに富と繁栄をもたらす。そしてエルサレムのモリヤの丘に神殿（第一神殿）を造営し、十戒の石板を収めた「契約の箱」を安置して民族の宗教拠点とした。

さらに豪華な宮殿を建造するなど、イスラエルは未曾有の栄華に酔いしれる。それにソロモンには外国人を含む七百人の王妃のほかに三百人の側室がおり、みんな宮殿暮らしを楽しんだ。

国民は当然、労役や重税にあえぐことになる。働いても働いても暮らしは楽にならない。おまけにソロモンの出身支族のユダ族とベニヤミン族に優遇政策をとったため北部支族を中心に不信と不満が蓄積した。ソロモン王が死ぬと、北イスラエルの十支族が反旗をひるがえす。

ソロモン王の跡を継いだ息子レハベアムに、北イスラエル連合は税の軽減を要求したが果たされず、独立を宣言した。つまり「イスラエル統一王国」は百年もたず、「北イスラユル王国」と「南ユダ王国」に分裂し、ダビデが築いた黄金時代は七十年ほどで幕を閉じた。

北イスラエル王国はシケムを首都とし、初代の王にはエフライム支族のヤロブアムを選んだ。彼はかつて労働者を率いて反乱を起こし、鎮圧されてエジプトに亡命していた闘士だ。彼の最大の課題は南ユダ王国のエルサレムにある神殿に代わる宗教施設の建設であった。そこでベテルとダンに新しい神殿を建立して北イスラエル連合の宗教拠点とした。

しかし北連合は政治的、軍事的に王国らしい形が整わず、北方の大国アッシリア帝国などの脅威にさらされた。それに王が即位後に暗殺される事件が相次ぐ。ようやく軍司令官オムリが内乱状態を鎮めて再統一に成功し、首都をサマリアに移してオムリ王朝を開いた。

しかし隣国の神バアルなど異教の神が人々の心に入り込み、イスラエル本来の一神教による団結は根底から揺らぎ始める。エリヤなど預言者が現れて「モーセの律法に回帰せよ」と説いても聞き入れられない。北イスラエル王国は独立二百年でアッシリアに滅ぼされ、十支族は奴隷としてアッシリアへ強制連行されて歴史から姿を消してしまった（紀元前七二二年）。

一方、南ユダ王国のヨヤキム王は、勃興《ぼっこう》中の新バビロニア王国との外交に失敗し、首都エルサレムを包囲されて降伏する。このときヨヤキム王と指導層が連行された（紀元前五九七年）。

さらにヨヤキム王の後を継いだゼデキア王は、エジプトと提携したことを責められ、国そのものが滅ぼされてしまった（紀元前五八六年）。こんどは指導層だけでなく住民も奴隷として新バビロニアへ強制移住させられた。この二回の連行は「バビロン捕囚」と呼ばれている。

39 捕囚から戻り神殿を再建

バビロン捕囚で強制連行された南ユダ国の人々は、数十年たつとぼちぼち祖国へ帰還しはじめる。新バビロニア王国を滅ぼしてオリエント世界を統一したペルシャ帝国も、相変わらずエルサレム地方を属州として占拠していたが、キュロス王が寛大な政策をとったからである。

奴隷になったイスラエルの民は、すでに地元民と同化してけっこう豊かに暮らしていたが、破壊されたエルサレムの神殿や城壁の話を聞くにつけ、何とか再建できないかと熱意を燃やす人もいたのだ。中でもユダヤ教の祭司エズラは、ペルシャ王からエルサレム地方の知事に任命されたネヘミヤとともに「モーセの律法」の復興運動に立ち上がった。

ネヘミヤは王に「第二神殿の建設」と「エルサレムの城壁修復」の許可を願い出て、帰還民や居残っていた元ユダ国民を総動員して工事を進めた。これらの完工式には多くのヘブライ人（ユダヤ人）が参加し、昔の威容を知る老人たちは喜びの涙を流した。彼らは声を合わせて主を褒めたたえ、「主は恵み深く、慈しみは末長くイスラエルに絶えることがない」と合唱した。

そして祭司エズラは会衆の面前で、イスラエルの民に授けられた「モーセの律法の書」を朗読した。朗読できるような神の文書（聖書）は、このころ幾つか出来はじめていたのである。

しかしイスラエルの民は、もう南ユダ国のような独立王国を興すことはせず、預言者や祭司が指導する神政体制で社会生活を維持することになった。そしてイスラエルの民の純血を保つために、異邦人の妻との離婚が勧告された。偶像礼拝の多神教に染まることを恐れたのである。

◇

以上のような経過については、聖書の『エズラ記』と『ネヘミヤ記』に詳しく記述されているが、近年の神学的考察によると、両書とも祭司のエズラが一人で書き上げたものらしい。さらに両書に先行する『歴代誌上』『歴代誌下』も、バビロン捕囚後にエズラによって編まれたものと推測されている。

エズラがペルシャからエルサレムに帰ったのは、紀元前四五八年以降という。またネヘミアはそれより十三年後以降にエルサレム地方の知事に赴任し、十二年間の勤務を終えて再びペルシャに戻っていることから、エズラが『ネヘミヤ記』を完成させたのは紀元前四三三年以降ではないかと考えられる。

今から四千年もの昔からイスラエルの民は大父祖アブラハム、イサク、ヤコブのことを語り継いできたのに、聖書としての文書化は千五百年たってからの作業となった。中でも主の「光あれ」「水と水を分けよ」で始まる『天地創造』が文書化されたのは一番遅かったという。

40
唯一神が民族を結集

ここまで斜め読みしてきた古代イスラエルの歴史は、聖書の『創世記』『出エジプト記』『ヨシュア記』『士師記』『サムエル記上・下』『列王記上・下』『歴代誌上・下』『エズラ記』『ネヘミヤ記』から抜粋・抽出した〝お話〟である。しかし採集・狩猟の暮らしから農耕・牧畜へ移行していく文化の進化過程や、定住後の争い激化の様子が分かって興味深い。

イスラエルの古代史はこれまで、この聖書に頼って跡づけられ、神話的すぎると思われる部分は合理的解釈で補いながら、史実に近い形を探ってきた。太古の「イスラエル人」について考古学的に裏づけられたものはごく少なく、紀元前一二〇七年の出来事を記録したエジプトの石碑に現れるぐらいという。

「モーセ五書」として総括される『創世記』『出エジプト記』『レビ記』『民数記』『申命記』の五つは、今から約三千年前にモーセ自身が書いたものと長く信じられてきたが、実はずっと遅れて書き加えられたものであった。それに、いったん書き上げても立場の違う学派などによって何回も手が加えられたため、内容のダブりや同じ話の再録もある。こんなわけで、通読を志しても途中で退屈したり、投げ出したりする人も多い。

しかし『創世記』の冒頭は、奇抜な神話が並んでいて人々の興味をそそる。そこに出てくる「エデンの園」はアルメニアかペルシャ湾あたり、「ノアの箱船」が着いたのはトルコ東端のアララト山、「バベルの塔」は古代メソポタミアのバビロンに似たものがあったとされ、それらを借用して聖書の舞台を整えたのであろう。そこへすぐ大父祖アブラハムが登場する。

聖書の中で大事件として扱われているのが『出エジプト記』の、モーセの差配によるエジプト脱出だ。中東地域が大飢饉に見舞われたとき、ヤコブの子十二人の全家族がナイル河口へ移住したが、エジプト王朝が代わると子孫への迫害がひどくなり、古里の中東へ戻ろうとする。

壮年男子だけでも脱出者は六十万人というから、婦女子を含めれば二百万人にも上り、これが荒れ野を四十年もさまようとは、いかにも現実離れしている。それに太古から文書資料の豊富なエジプト側に記録が残っていない点からも、たとえ事実としても小人数だったと思われる。

この荒野放浪中にシナイ山の麓にイスラエルの民が全員終結し、その立ち会いのもとにモーセが神から律法（十戒）を授かる。こうして他民族とは一線を画した「一神教徒」として民族の結束を固めようとしたのである。ユダヤ教の歴史の中では特に重要な出来事なので、立会人を多くするために脱出者数を膨らませたのかも知れない。

律法で民族が一致団結できれば、次はカナンに進撃して「多神教民族」の大粛清となる。

⑤ パウロ最後の旅（ローマへ）
イタリア
ローマ
トレス・タベルネ
アピイフォルム
プテオリ
レギオン
シチリア島
シラクサ
マルタ
マケドニア
テサロニケ
フィリピ
コンスタンチノープル
カルケドン
ニカイア
黒海
アドラミティオン
アジア
ガラテヤ
コリント
アカイア
エフェソス
コロサイ
クニドス
ミラ
パンフィリア
キリキア
タルソ
アンティオキア
クレタ
フェニクス
良い港
サルモネ岬
シリア
キプロス
地中海
シドン
カイサリア
エルサレム
リビア
アレクサンドリア
エジプト
0
100
200
300
キロメートル

第2章　キリスト教

矛盾を塗りこめ独自色

1 民族の氏神ヤハウェ

イスラエルの民が二千年もかけて編修したユダヤ教の聖書は、紀元二世紀ごろから「旧約聖書」と名前を変えてキリスト教でも流用される。そんな新興宗教がたちまちヨーロッパへ広がって、世界宗教に仲間入りしてしまうことになるのだ。

しかしユダヤ教はもともと、弱小グループのヘブライ人を結束させるための民族宗教、いわば〝氏神〟の教えであった。そもそもの端緒は、得体の知れぬ神からの呼びかけである。しがない遊牧民の族長アブラハムが突然、神の声を耳にしたのである。

「お前を大いなる国民の先祖にしよう。父の家を離れ、わたしが示す土地に行きなさい」

荒れ野の広がる田舎から、すでに農耕定住型の暮らしが始まっていた町への移住のススメである。アブラハムは神の指示どおり、一族郎党を引き連れて地中海沿いのカナン地方（今のパレスチナ）へ向かい、郊外の野原にテント村を開いた。しかし寄留者に過ぎないため妻サラを埋葬する土地にも困り、町の住人から畑を買い取って墓地とした。

町が集まってできた古代都市には、王もいた。また住民は農作物の豊作や病気の平癒などを祈るために雑多な神々を信奉しており、礼拝の対象として金製の牛の像など様々な偶像が出回っていた。自然発生的な〝多神教〟である。

「弱小のヘブライ民族を結集するには、並の神では不十分だ。独特な神でなければならない」

こんなことを夢想する賢者がいても、ふしぎではない。そんな賢者の一人がモーセであった。奴隷にされていたエジプトを脱出するや、その足でシナイ山に向かい、イスラエルの民総出で天から降《くだ》ってきた〝唯一神〟ヤハウェとの間で「契約」を取り交わす。新宗教の誕生である。

ここで提示された「十戒」（律法）のうち、始めの四つはヤハウェの尊び方だ。まず「ヤハウェだけがイスラエルの神である」と厳しく限定し、雑多な神々からの独立を宣言する。ただし、「ヤハウェの名はオープンにしないこと」とクギを刺した。軽率に扱われれば、雑多なものに紛れ込む恐れもある。だから、普通名詞に近い「主《しゅ》」と表現されることが多かった。

また「偶像化の禁止」も、雑多な神々との同列視を懸念したためだろう。それに物の形にすると壊れたり失くしたりして余計な面倒に煩わされる。さらに「七日目ごとの安息日」は、「今日なぜ休むのか」の復習により、神との契約で生きていることの喜びをかみしめさせる。

「十戒」の残り六つが勧める家族や隣人との融和は、民族社会確立のカギとなる。民族が一致団結できなければ、外敵の撃退すらおぼつかない。民が忠実に十戒を守る限り、主の指示を取り次ぐ「預言者」と祭礼担当の「祭司」さえいれば、特に王を担ぐ必要はないと考えられた。

2 預言者にニセ者あり

ヘブライ人が発明した「啓示宗教」には、唯一神ヤハウェから啓示される言葉を預かり、これを人々に取り次ぐ「預言者」が不可欠である。しかしこんな大役は、誰にでも務まるものではない。きっと人一倍、感覚神経が細やかで、しかも全神経を統括する脳内中枢神経が鋭敏に研ぎ澄まされた状態のときのみ可能なのであろう。

そういえば、日本にも大昔から「巫女《ふじょ》」「いたこ」「ゆた」など、〝神がかり〟状態で死者や神の声を聞いたり、幻を見たり、全身の力が抜けてふらふらになったりする人がいた。霊魂を招き寄せ、その思いを自分の口から人に伝えるのが「口寄せ」である。

ダビデ王やソロモン王の時代からはイザヤ、エレミヤ、エゼキエル、エリヤなど著名な預言者が輩出した。王を選出するときは、まず預言者がヤハウェの意向を確かめ、支族社会の長老たちの同意を得てから頭に油を注いで王に任命してきた。王様になりたくても、自分勝手に王位に就くわけにはいかなかったのである。

しかも王が民に重税をかけたり、多神教の神を拝んだりしたとき、どこからともなく預言者が現れて「ヤハウェとの契約に違反している」と王を手厳しく批判した。「羽目を外しつづけると、ヤハウェの怒りが王に下り、国が滅んでしまう」と糾弾されれば、王としても無視できない。民衆に代わってヤハウェが国の政治をコントロールしていたわけだ。

ソロモン王が死んでイスラエル王国が南北二国に分裂したころから、さらに多くの預言者が登場してイスラエルの民の行く末を憂えた。そして預言の内容が預言者ごとに「預言書」としてまとめられ、重要な十六巻は聖書に組み込まれた。

そのうち長文の預言書には『イザヤ書』『エレミヤ書』『エゼキエル書』『ダニエル書』の四巻があり、南北二国に分裂してから文書化された『ホセア書』『ヨエル書』『アモス書』『オバデヤ書』『ヨナ書』『ミカ書』『ナホム書』『ハバクク書』『ゼファニヤ書』『ハガイ書』『ゼカリヤ書』『マラキ書』は「十二小預言書」と呼ばれる。

こんなに多くの預言書が編修されると、新しい預言者が登場しにくくなる。預言書を読めば、誰でもヤハウェの意向がつかめるからだ。そこで預言書を研究してユダヤ法を身につけた「律法学者」が世の中で幅を利かすようになる。おかしな預言をすると、〝ニセ預言者〟として告発され、捕まえられたり殺されたりする者も出はじめた。

時代が下ると、エルサレムの上級祭司や貴族層（サドカイ派）、律法重視の下級祭司（パリサイ派）、狂信的な国粋主義者（熱心党）などが現れて、ユダヤ教の内部対立が激しくなる。

3 わが民の悪に裁きを下す

預言書の一例として、『エレミヤ書』のハイライト部分を抜粋・要約で紹介しよう。

ベニヤミン族の祭司ヒルキヤの子エレミヤの言葉。彼がヤハウェの言葉を聞いて伝えたのは、ユダ国の王ヨシヤやその子ヨヤキムの時代からエルサレム住民が捕囚となるまでである。

「わたしはあなたを母の胎内に宿す前から、あなたを知っていた。生まれる前にあなたを聖別し諸国民の預言者として立てた。若者に過ぎないと言ってはならない。あなたを誰のところへ遣わそうと、わたしが命ずることをすべて語れ。誰をも恐れるな」

「エルサレムに住む者すべてに北から災いが襲いかかる。わが民の甚だしい悪に対して、わたしは裁きを下す。わたしを捨て、他の神々に香を焚き、人が作った像の前にひれ伏した」

「エレミヤよ。行ってエルサレムの人々に呼びかけ、耳を傾けさせよ」「イスラエルの家のすべての支族よ、よく聞け。わたしはお前たちを稔り豊かな地に導き、美味なる果実を食べさせた。ところがお前たちは、わたしの土地を汚してしまった」

「もはや祭司たちは『主はどこにおられるのか』と尋ねもしなかった。律法学者もわたしを理解せず、指導者はわたしに背き、預言者は助けにならぬバアル（異教の神）に頼って預言した」

「いったい、どこの国が神々を取り替えたことがあろうか。しかも神でないものと。わたしはお前たちを改めて告発し、お前たちの子孫と争う」

「わが民は二つの悪を犯した。生きるための水源であるわたしを捨て、無用の水ためを掘った」

「イスラエルは奴隷なのか。そうでないのに、どうして捕らわれの身となったのか。お前たちの地は荒れ地と化し、町々は焼き払われて住む人もいなくなった」

「お前の犯した罪がお前を懲らしめ、お前の背信がお前を責めている。お前の神である主を捨てたことが、いかに悪く、苦いことかを味わい知るがよい」

「盗人が捕らえられて辱《はずかし》めを受けるように、イスラエルの民も辱めを受ける。その王、高官、祭司、預言者らも共に。しかも災難に遭えば『私どもをお救いください』とわたしに頼み込む」

「わが民がわたしを忘れてから長年月が過ぎた。お前たちは裁きの座に引き出される」

「立ち帰れ。ユダの人、エルサレムに住む人よ。割礼を受けて主に従う者となれ。お前たちの心の包皮も取り去れ。しからば、お前たちを連れて神殿の丘へ上ろう」

「エレミヤよ。主の神殿の門に立ち、人々に呼びかけよ」「ユダの人々よ。みな主の言葉を聞け。お前たちの道と行いを正せ。そうすれば主は、お前たちをここに住まわせる。互いに正義を行い、寄留の外国人、孤児、寡婦《かふ》を虐《しいた》げず、無実の人の血を流してはならない」

4 「旧約」と「新約」の境目

先輩格の預言者モーセやサムエルの努力が実り、紀元前十一世紀半ば、「イスラエル統一王国」が誕生して繁栄した。しかしソロモン王が死ぬと、南北対立が激しくなって分裂してしまう。そして北の「イスラエル王国」は紀元前七二二年にアッシリアに、さらにその百三十六年後に南の「ユダ国」もバビロニアに滅ぼされて消滅した。

北の十支族は奴隷としてアッシリアへ連れ去られ、四散してしまった。一方、ユダ国の二支族はバビロンに捕囚されたものの、新興のペルシャ帝国の寛大な政策により二、三割がエルサレムに帰還して第二神殿を建て、ヘブライ語聖書の編修に取り組んだ。

しかし捕囚や民族離散が数十年続くうちに、イスラエルの民の大半がヘブライ語よりギリシャ語のほうが得意になっていた。そこで紀元前三世紀半ばから聖書のギリシャ語への翻訳が始まる。これなら他国で暮らすヘブライ人との結束を図るためにも役に立つ。北エジプトのアレクサンドリアで編修されたギリシャ語訳を「七十人訳聖書」という。

さて、元ユダ国の首都エルサレムに再建された第二神殿の周辺にはユダヤ人（ヘブライ人）が集まって暮らすようになったが、ついに外国の支配から逃れることはできなかった。まずはペルシャやギリシャ、そして紀元前六三年からはローマ帝国の支配下に入る。

それより千年も昔、イスラエルでは王が選ばれるとき、預言者から頭に油を注がれた。「油を注がれて聖別された者」のことをヘブライ語では「メシア」というが、ユダヤ人たちは外国の支配から脱出するための前提として、メシアの再登場を待ち望んでいたのである。

聖書の預言書『マラキ書』などには、主の言葉として
「大いなる恐るべき主の日が来る前に、預言者エリヤをお前たちに遣わす」

と記述されている。西暦紀元が始まる少し前に現れた「洗礼者ヨハネ」が、その預言者エリヤのことではないかと考えられるようになり、ずっと後に編修された新約聖書の福音書（マルコなど）には次のように書かれた。

——洗礼者ヨハネが都会から離れたヨルダン川沿いの荒れ野に現れ、「主に従わなかった罪を悔い改めるには、まず洗礼が大切だ」と説いた。ユダヤの住民たちはヨハネを訪ねて罪を告白し、ヨルダン川で彼から洗礼を受けた。彼は「わたしより優れた方が後から来られる」と予告していたが、ガリラヤのナザレ出身のイエスがヨハネから洗礼を受けられた。——

ヨハネは「神の国は近づいた」と予告して〝終末の切迫〟を説き、三十歳前後のイエスを洗礼活動に誘った。こうしてイエスは説法生活を二、三年で駆け抜け、十字架の刑に果てる。

5 聖霊を注がれた人の子

新約聖書は、マタイ、マルコ、ルカ、ヨハネによる四巻の「福音書」で始まる。イエスの行動と発言を後世に伝えようと二世紀に編修されたが、筆者の思い入れが強く、内容が少しずつ異なっている。それでも最初の三巻は似たところが多く「共観福音書」と呼ばれることがある。

福音書などによれば、イエスは紀元前四年ごろユダヤのベツレヘムで母マリアから生まれ、ガリラヤ地方のナザレで育った（14ページの地図④参照）。マリアが結婚前に聖霊によって身ごもったのを知って、父の大工ヨセフは面倒を避けるために婚約を解消しようと考えたが、天使のお告げを受けてマリアを妻に迎えることにしたという。

父の家系は、安息日も休めないほど暮らしがきつく「律法を守る能力なき庶民」に属していたというが、イエスは伝統のユダヤ教、特に預言者について詳しい知識を持っていた。紀元二八年ごろ洗礼者ヨハネからヨルダン川で洗礼を受けたとき、「天が開いて聖霊が自分に降り注ぐ」のを感じたという。一種の宗教的覚醒の体験だったのだ。

間もなくイエスは〝霊〟によって荒れ野を引き回され、四十日間の断食を続けた。空腹を感じたイエスの前に悪魔が立ち現れ、「神の子なら石をパンに変えられるはずだ」などと難題を吹っかける。それに対してイエスは「人はパンだけで生きるのではない。主の口から出るすべての言葉によって生きなければならない」と答えた。

また悪魔はイエスをエルサレム神殿の屋根に立たせ、「神の子なら飛び降りてみろ。天使たちが受け止めてくれるだろう」とからかう。イエスは「主を試してはならない」と切り返した。悪魔はあらゆる誘惑を終えて去っていった。荒れ野の試練のあと、イエスはガリラヤの各地で宣教を開始し、弟子になった者の中から十二使徒を選んで特権を与えた。

そしてイエスが山上で弟子たちに説いた「幸いなるかな」の垂訓は、次の八項であった。

幸いなるかな、心の貧しい人々よ。天の国はあなた方のものである。

幸いなるかな、悲しむ人々よ。あなた方は慰められる。

幸いなるかな、柔和《にゅうわ》な人々よ。あなた方は地を受け継ぐ。

幸いなるかな、義に飢え渇く人々よ。あなた方は満たされる。

幸いなるかな、憐《あわ》れみ深い人々よ。あなた方は憐れみを受ける。

幸いなるかな、心の清い人々よ。あなた方は神を見る。

幸いなるかな、平和を実現する人々よ。あなた方は神の子と呼ばれる。

幸いなるかな、義のために迫害される人々よ。天の国はあなた方のものである。

6 閉塞感から「神の国」へ

イエスに洗礼を授けた洗礼者ヨハネは「悔い改めよ。神の国は近づいた」と、人々に回心《かいしん》を訴えて荒れ野をめぐり歩いた。しかしいったい「神の国」とは何なのか、またどこに作られるというのか。実は、ユダヤ教にも〝終末思想〟が広がり始めていたのである。

ユダヤ人の住む地域は、他の地中海沿岸部と同様に強力なローマ帝国に支配されていた。そんなローマの片棒をかついだのが領主ヘロデである。自分の結婚を非難されたことに腹を立て、洗礼者ヨハネを「ニセ預言者」として捕まえ、事のはずみで首をはねてしまった。

こんな圧迫感、閉塞感のもと、ユダヤ教の内部でも派閥抗争が激化して、互いに主導権争いに明け暮れた。このうち熱心党（ゼロテ派）は、ユダヤ民族国家の再建をめざす狂信的な国粋主義者の集まりで、手段を選ばずローマ帝国の総督にたてついた。

しかしパリサイ派、サドカイ派、エッセネ派などは他国の支配を前提に、「どのように神とかかわれば、ユダヤ民族が保てるか」について論争を続けた。

下級祭司が中心になったパリサイ派（ファリサイ派、敬虔派《けいけんは》）は、ひたすら預言書の解釈と律法の実践に努めた。また死者の復活やメシア到来を信じ、心の清めを強調して民衆から支持された。しかし福音書では形式主義者、偽善者として批判されることになる。

エルサレム神殿の上級祭司や貴族など保守的特権階級から成るサドカイ派は、霊魂や天使の存在、死者の復活、メシアへの期待を否定してパリサイ派と対立した。しかし後にローマ軍によるエルサレム神殿の破壊（紀元七〇年）とともに消滅してしまう。

清浄な宗教人をめざすエッセネ派は、独身主義と財産共有が特徴で、死海周辺で農業中心に質素な共同生活を営んだ。洗礼者ヨハネもこのメンバーだったといわれるが、イエスはヨハネから「律法を守る能力なき庶民」を重視する精神を受け継ぎ、「神の国の福音」を説いて回った。

ところで「モーセの十戒」（律法）のうち、庶民にとって最も実践が難しいのは何だろうか。きっと四番目の「聖なる安息日をきっちり休むこと」に違いない。つまり貧しい人々は、生きるために、一日たりとも手を抜くわけにはいかない〝罪人〟なのである。

もともと律法は、イスラエル民族が団結して定住農耕にふさわしい土地を他民族から奪い取り、それを守り抜くために主から与えられたものであった。しかし時代が変わった。「時流に合わせ杓子定規《しゃくしじょうぎ》のルール適応を見直せば、今すぐにも住みよい〝神の国〟が実現する」

イエスは、各地域の会堂（シナゴーグ）にも出入りして、庶民に「神の国」の到来の間近なことを知らせ、律法の順守をかたくなに強いるパリサイ派の仲間とは激しく論争した。

7 処刑前夜に苦悶の祈り

イエスはエルサレムの第二神殿の崩壊を予告する。福音書によれば、イエスがオリーブ山に登って神殿のほうを向いて座っていると、弟子のペテロ、ヤコブ、ヨハネが近づいてきてイエスに尋ねた。

「神殿が崩壊するのはいつですか」「そのとき、どんなことが起こるのですか」

「戦争のうわさが立っても慌ててはいけない。あちこちで地震があり飢饉も起こるが、みな産みの苦しみの始まりに過ぎない。あなたがたは自分のことに気をつけなさい。私のために総督や王の前に立たされ、証言させられることになったとき、聖霊に教えられるままに話せばよろしい。私の名のために憎まれようが、最後まで耐え忍ぶ者が救われる」

このようなイエスの言葉の解釈については後世、さまざまな議論を呼ぶことになる。単にローマ軍によるエルサレム陥落（紀元七〇年）だけでなく、この世のすべてが終わる日、つまり世界の終末に救世主（メシア）が再臨して行う最後の審判を含める考え方もあった。

「神の国」を説くイエスの宣教運動は、北のガリラヤ地方ではかなりの成功を収めていた。しかしそれを憎々しく見ていたパリサイ派の律法学者たちは、サドカイ派の神殿祭司長らをも巻き込んで、イエスを捕らえて殺してしまおうという計略を立てていた。そしてその破局は、過越祭《すぎこしさい》で賑わうエルサレムで起こってしまう。

夕方、十二人の使徒と共にした過越の食事（最後の晩餐《ばんさん》）の席で、イエスが言った。

「ここで食事をしている者の一人が、私を裏切ろうとしている。人の子は去っていくが、人の子を裏切った者は不幸だ。その者にとって、生まれてこなかったほうがよかった」

イエスは、エルサレムにいるときはオリーブ山の麓にあるゲッセマネの園に来て祈っていたが、十字架にかけられる前夜もペテロ、ヤコブ、ヨハネを連れてここに来た。

「わたしは死ぬほど悲しい。ずっとここで、わたしと共に目覚めていてほしい」

と、三人からいくらか離れてひれ伏し、苦しみもだえて祈った。

「できることなら、この苦杯を遠ざけてください」「いいえ、御心のままに運ばれますように」

イエスの汗が血の滴りのように地面に落ちた。一方、三人はすっかり眠り込んでいた。

「やはり、悲しみのために疲れ果てたか」

イエスが弟子たちに話しかけていると、棒や剣を持った群衆やローマ軍の兵士らを引き連れてイスカリオテのユダが現れた。ユダはすぐ「先生！」と呼んで口づけをしたが、それがイエスを特定する合図であった。群衆はイエスを捕らえて、大祭司のところへ連れていった。

8 大祭司の屋敷が裁判所

ゲッセマネで捕らえられたイエスは、縛られてエルサレム南西部の大祭司カイアファの官邸に連行された。そこには大祭司のしゅうとアンナスが待っていた。翌朝始まる裁判に備えて、有利な証言を引き出そうと考えたのだ。しかしアンナスが弟子集団の規模などについて尋問しても、イエスは何も答えなかった。ただ、イエスはこう言った。

「私は各地の会堂や神殿の境内で説教を続けてきた。ひそかに話したことは何もない。だから私の話を聞いた者に尋ねればよいではないか」

すると、そばにいた役人が「どうしてそんな返答をするのか」とイエスを平手で打った。これに対してイエスは、「正しいことを言ったのに打つとは赦せない」と厳しく抗議した。結局、アンナスの予備審問はまったく成果がなかった。

夜が明けると、ユダヤ人の自治機関である最高法院（サンヘドリン）が召集された。イエスの裁判の始まりである。祭司長、長老、律法学者たちが集まり、大祭司が裁判長となって「神を冒涜《ぼうとく》した容疑」を立証しようとして証拠を求めた。

「イエスが『エルサレムの神殿を壊し、三日あれば人の手によらない別の神殿に建てなおしてみせる』と言った」と二人が証言した。しかし証言内容は一致せず、有罪は立証できなかった。そのとき裁判長は、不利な証言に対して反証するようにイエスに求めたが、イエスは黙秘を続けた。そこで改めてイエスに質問した。

「では、お前は神の子、メシアなのか」

「人々がそのように言っている。あなたたちはやがて、人の子が全能の神の右に座り、人間を裁くためにに天から戻ってくるのを見るであろう」

それを聞いた裁判長は「イエスが神を冒涜した」と宣言し、最高法院の議員全員で判決を下すように求めた。議員は全会一致で「死刑相当」と裁定した。しかし死刑執行権をもっていたのはローマの総督だったので、イエスはすぐ総督官邸に送られ、ピラト総督の裁判も受けた。

「お前がユダヤ人の王なのか」

「それはあなたが言っていることです」

「お前に不利な証言ばかりが聞こえてくるのに、どうして反論しないのか」

と総督が尋ねても、イエスは何も答えなかった。そのとき妻からピラトに伝言が届いた。

「イエスという人のことで昨夜、私は夢でずいぶん苦しめられました。お願いですから、あの正しい人にはできるだけ関与しないでください」

9 十字架から降ろされ墓へ

ローマから派遣されているピラト総督はもともと、宗教裁判で死刑にすることには大いに疑問を感じていた。祭司長や律法学者がイエスを極刑にしたがっているのはユダヤ教内部の妬《ねた》みのためで、むしろ冤罪《えんざい》に近いと思っていたのである。だからピラトは、イエスを鞭打ちの刑で懲らしめる形をとって釈放しようと考えていた。

総督は慣例によって、祭りのたびに罪人一人だけに恩赦を与えて釈放してきた。折から過越祭の最中であり、イエスと人殺しの罪で投獄されていたバラバという男が恩赦の対象になった。そこで総督官邸の広場に集まった群衆に向かって総督は、「あのユダヤ人の王を釈放してほしいのだろう」と語りかけた。

そのとき祭司長らが「バラバのほうを釈放させよう」と群衆を煽動《せんどう》したため、しだいに「バラバ釈放」の声が高まっていく。そこで総督は「では、ユダヤ人の王をどうしてほしいのか」と問いかけた。すると群衆は「十字架につけろ」と叫ぶ。総督は「暴動になっても困る」と思い、どんな悪事を働いたのか分からないまま、イエスをローマ兵に引き渡すほかなかった。

イエスが最も苦しいとされる磔刑《たっけい》になる前に、神殿警察はイエスの権威を失墜させておこうと、兵士や群衆とともにイエスを取り囲んでつばを吐きかけたり、こぶしで殴りつけたりして陵辱《りょうじょく》した。イエスがエルサレム郊外ゴルゴタ（意味は、されこうべ）の丘で十字架につけられたのは、朝の九時であった。安息日の前日のことである。

真昼になると太陽は光を失い、三時まで辺りが暗くなった。光が戻るときイエスは叫んだ。「わが父よ。なぜ私をお見捨てになったのですか」「わが霊を御手《み》にゆだねます」

ずっと十字架の前に立って見張っていた百人隊長は、イエスが息を引き取ったとき言った。「この人はやはり神の子だった。間違いない」

ガリラヤでイエスに従って世話をしてきた婦人たちも、遠巻きに処刑の一部始終を見守りつづけていた。この中にはマグダラのマリア、ヤコブとヨセフの母マリア、サロメらがいた。

その夕方、アリマタヤ出身の議員ヨセフはピラト総督に「イエスの遺体を渡してほしい」と願い出た。総督は百人隊長に確かめてからヨセフに遺体を渡すと約束した。ヨセフはイエスを十字架から降ろして亜麻布《あまぬの》で巻き、岩を掘って作った墓に納めて入り口に大きな岩を置いた。マグダラのマリアらはこの現場にも立ち会い、二日後のために香油を買い求めた。

安息日の翌日の早朝、二人のマリアはイエスに香油を塗ろうと墓に行くと、入り口の岩が脇によけられ、亜麻布が一枚残されているだけであった。二人は驚いてペテロに告げに走った。

10

安息日明けに復活

イエスが十字架刑に処せられることが決まったとき、落胆と失意のうちに主な弟子たちは早々にガリラヤへ戻って行った。しかし帰郷を遅らせていた女弟子たちが処刑後三日目の朝、遺体のない墓を目撃してしまう。彼女たちはすぐ、「イエス様は安息日明けを待って、いち早くよみがえり、亜麻布を脱ぎ捨ててお出かけになられたのだ」と確信した。

やがてユダヤ全域に、「イエスが復活してガリラヤに現れ、ペテロのほか大勢の弟子たちと言葉を交わした」という噂《うわさ》が広まっていった。「人の子」はやはり「神の子」だったのか。神が肉体を持ってこの世に現れたのなら、真実の救世主メシアと言えるのではないか。

誰かがひそかに遺体を盗み去ったのかも知れないし、弟子たちがイエスの姿を幻覚しただけかも知れない。事実は何であれ、イエスはユダヤ教の預言者とか宣教師とかの域を超えて、「神の子イエス」として信仰の対象にまで高められていった。

いったんは嘆き悲しんでいた弟子や信者たちも、大きな希望と勇気で生まれ変わった。やがて「神の独り子イエスの汚れなき死は、人間を原罪から清めるための自己犠牲であり、その英雄的行為を通じて神と人間の関係を回復させた」という解釈が現れる。

なお、ユダヤ教にも「神の国」という言い方はあったが、それはこの現実世界に唯一神ヤハウェの意向に沿って造られるユダヤ国家を意味していた。一度は民族の長年月の願いが実って、地中海沿岸の肥沃地にイスラエル王国が築かれた。しかし支族間のいさかいが原因で分裂して、結局は他国に攻め込まれ、民族離散の憂き目に遭ってしまった。

それに対してイエスの「神の国」は、ヤハウェ信奉の伝統を踏まえながらも、政治的現実を超越してまさに精神的なものであった。「神の国はいつ来るか」との問いにイエスはこう答えた。

「神の国は見える形では現れない。ここにある、あそこにある、と言えるものでもない。神の国は、すでにあなた方の心の中に存在する」

イエスの「神の国」は、実は内面的なものだった。

「われわれはヤハウェから『姦淫するな』と命じられているが、みだらな思いで人妻を見る者は、すでに心の中でその女性を犯したのである」

「偽善者たちは祈るとき、周囲の人に見えるように会堂や街角に立って祈る。あなたが祈るときは、誰の目にもつかないところに隠れて祈りなさい。また言葉数も少なめに」

「どんな善行も、人前では行わないように気を配りなさい」

このような厳しい心情の倫理を凝縮したのが「山上の垂訓」(107ページ参照)なのであろう。

11 パウロが「神の子」PR

イエスの説教の内容は、硬直化・形式化したユダヤ教の改革をめざすものであった。それに反発した保守がりがりのパリサイ派が宗教裁判によって十字架刑で報復したが、思いもかけない死後の〝復活〟によって状況は一変する。

「ヤハウェ」のほかに「神の子イエス」を信仰の対象に加えたユダヤ教の一分派が、やがて「キリスト教」という新しい世界宗教へと脱皮していくのだ。「キリスト」とは、「メシア」(救世主)のギリシャ語訳である。この流れを加速させたのがギリシャ語に通じた離散ユダヤ人(ディアスポラ)のパウロであった。

パウロは、古代ローマ帝国の属州だった小アジアのタルソ(今のトルコ中南部タルスス＝96ページの地図⑤参照)生まれのユダヤ人(ベニヤミン族)で、律法に厳格なパリサイ派のユダヤ教徒として育てられた。ユダヤ名はサウロ。もともとテント職人だったが、エルサレムでユダヤ教を学びなおすうちに、キリスト教徒に出くわして「神の子」信奉者に転向(回心)してしまう。

それからのパウロの布教活動はめざましいばかりであった。子ども時代から持つローマ帝国の市民権と堪能なギリシャ語を生かして、ローマや各地の属州を歩き回りキリスト教の宣教に没頭した。イエスの十二使徒でもないのに、自己紹介では「イエス・キリストのしもべ、神の福音のために選び出され、召されて使徒になったパウロ」と売り込んだ。

イエスのことを「イエス・キリスト」と呼ぶとき、「救世主であるイエス」あるいは「イエスは救世主である」という信仰告白が込められているのだ。イエスの処刑は紀元三〇年ごろ、パウロの回心は三四年ごろとされる。

理論派パウロは帝国の首都へ赴く前に「ローマの信徒への手紙」をしたためた。

「神の子イエス・キリストを信じれば、無条件で救いに導かれる。律法を守れない者にも、律法を知らない者にも、救いの可能性が開かれた。だからユダヤ人と異邦人の区別も、奴隷と主人の区別も、男女の区別もまったくない」

ギリシャ南部での布教後に書き送った「コリントの信徒への手紙」には、こう書かれている。

「神の子イエス・キリストが受けた十字架に、神の栄光の力が現れた。キリストの福音も信仰もそこから始まる。人間は〝土の器〟に過ぎないが、イエス・キリストを神の子と信じるとき、十字架に現れた神の力が〝土の器〟を突き動かす」

「人が能力を発揮して称賛に値する行為を果たしても、愛がなければ無に等しい。愛こそは人を謙虚にし希望を抱かせる。知識はいずれ廃れよう。永続するのは信仰と希望と愛である」

12 解釈は史実を超えて

イエスは生前、自分を「人の子」と表現したことはあっても、「神の子」などとは一切言っていない。実際、イエスは聖書（旧約聖書）の内容に通じ、その解釈者に過ぎなかった。ただし説教の中で、ヤハウェのことを「父」と呼ぶことがあったので、聞く側が「父が神なら、子といえば神の子だ」と受け取った可能性はある。

ともかく歴史的事実などお構いなしに、パウロは「イエスは神の子」という初期キリスト教信者たちの〝触れ込み〟にほれ込み、「この一点こそ、キリスト教売り込みの目玉になる」と確信したのだ。まさに〝イエス様もびっくり〟なアイデアであった。

やがてパウロは、生地タルソに近いアンティオキア（今のシリア領内）やアレクサンドリア、ローマといった大都市のほか、小アジアやマケドニアなどローマ帝国の領内を旅し、主に異邦人に対する布教に専念した。ユダヤ教を知らない人々にとって、身近な神々とはまったく趣の異なる「唯一神ヤハウェ」や「神の子イエス」の話は興味深かったに違いない。

パウロは筆まめに各地の教会に宛てて長い手紙を書き送ったが、こうしたパウロの熱意は二〜

三世紀に編修された新約聖書にも反映された。新約聖書は「福音書」四編、「使徒言行録」一編のあとに二十一編の手紙が納められているが、そのうち「ローマの信徒への手紙」「コリントの信徒への手紙」など七編がパウロのものである。

こうしてパウロの解釈が初期キリスト教徒に浸透し、最終的にイエスは「神の子」とされてしまう。しかしイエスが「神の子」やメシアなら、あの十字架刑のあっけなさは、どう説明したらよいのか。雷鳴や地震など天変地異はまったく起こらず、エルサレム神殿も崩れなかった。十二使徒たちもがっかりして、散り散りばらばらになってしまった。

そこで識者たちはユダヤ教の聖書に倣って、イエスの生涯を新約聖書にまとめることにしたのである。そして神格化の目玉として「受胎告知」や「処女懐胎」のエピソードを書き込んだ。最初に書かれたとされる「マルコによる福音書」には記述されていないので、このアイデアは遅れて付加されたと思われる。処女マリアから誕生したのなら、確かに並の人間ではない。

さらに処刑後に復活したイエスがガリラヤで弟子たちの眼前から「昇天した」と信じられるようになった。これだけでは不十分と見たのか、イエスが起こしたとする奇跡も並べられた。

嵐を鎮めたり、水をワインに変えたり、イチジクの木を枯らしたり、海上を歩いたり。自らがメシアであることを立証するために、重病人のほか目や口や手足の不自由な人を治療し、死者を生き返らせ、悪霊を追い払った。しかしユダヤ教の改革だけは、思い通りに進まなかった。

13 審判の日に全人類が復活

パウロが布教で「イエスの復活」について説教しても、なかなか分かってもらえない。その苦労の様子は「コリントの信徒への手紙」からもうかがえる。

「死者の復活などあり得ない、と思っている人がいるそうですが、死者の復活がないならば、イエスの復活もなかったはずです」「イエスが復活しなかったら、われわれの信仰は空しく、今も罪の中にあることになります」「しかし実際、イエスは死者の中から初めて復活しました。だから、すべての人が生かされることになるのです」

かなりの強弁に聞こえるが、これがパウロの論理なのだ。しかしキリスト教でいう「復活」は、イエス・キリストにとどまらず、すべての人に及ぶ。この世が終わる最後の審判の日に、善行に努めた人は復活して命を授かり、悪行を積み重ねた人は復活して裁きを受けるというのである。ただし、善行と悪行をどのように解釈するかは、いまだに決着がついていない。

いや、「イエスの復活」そのものについても、「客観的な史実ではなく、神話に属する物語に過ぎない」と断じる教派もある。「イエスの復活」は、旧約聖書の「天地創造」「ノアの箱舟」「バベルの塔」などと同じたぐいで、宗教的に有益な寓話や説話に近いというのである。

何はともあれ、「イエスの復活」と〝最後の審判〟の日の「全人類の復活」は、キリスト教の中心的教義をなし、それまで死者の生き返りなどを信じたことのない多神教の異邦人にも受け入れられていった。それにキリスト教は旧約聖書に基づきながらも、ユダヤ教の割礼や食物規定などを強制しなかったことも初期の布教にとってプラスとなった。

ユダヤ教徒は生まれて八日目、ヤハウェとの契約の証しとして男児は陰茎の包皮を切り落とすという割礼を受けるが、体を水に浸すか頭部を水で濡らすという儀礼的な洗礼に緩められた。またユダヤ教では獣や鳥類、水産動物などに「食べてはならない種類」が決められているが、これも大目に見ることにしたのである。

しかし「ヤハウェのみが神である」とするユダヤ教に対して、キリスト教では「父なる神」のほかに「神の子」イエス・キリストが加わることになった。これでは唯一神教の誇りは台無しではないか。そこで各地の有力教会の首脳が集まるサミット（公会議）で、「三位一体《さんみいったい》」という新しい理屈を考え出して、一応の決着を見た。イエスの死後約三百年後のことである。

ここで「父なる神」「子なるキリスト」のほかに、もう一つ「聖霊」が登場する。父と子は天におり、地上との連絡役はかつての預言者に代わって聖霊が取りなすと考えるのだ。いわく、「三者はすべて本質において同一であり、唯一神はこの三つを持つ実体である」

14

たちまち迫害する側へ

パウロや彼の同志の尽力でローマ帝国内にキリスト教徒が増えてくると、政治的に危険な集団と見られ始める。熱心にイエス・キリストを信奉するあまり、ローマ皇帝の権威を軽んずる風潮が広まったからだ。皇帝ネロが紀元六四年、ローマで起こった大火をキリスト教徒の仕業として集団虐殺したのを皮切りに、代々の皇帝から度重なる迫害を受けた。

一方、第一次ユダヤ戦争でエルサレム神殿がローマ軍に破壊（紀元七〇年）されたあと、ユダヤ教主流のパリサイ派の主催で善後策検討会議が開かれたが、この席で「ヘブライ語聖書のみを正典とする」と決定する。つまり、これは七十人訳ギリシャ語聖書を「旧約聖書」として崇めるキリスト教に対する決別宣言であった。こうして独り立ちしたキリスト教は、迫害にもかかわらずローマ市からギリシャ、小アジア、シリア、エジプトにも根づいていった。

ローマ帝国も、住民の多くを占めるキリスト教徒を敵に回すわけにはいかなくなり、ついにコンスタンチヌス帝は紀元三一三年、「ミラノ寛容令」を出して他宗教とともにキリスト教を公認した。しかし彼は死の直前まで洗礼を受けず、相変わらずローマ宗教の最高司祭として「ローマ女神」の国家祭祀を主宰した。

初期キリスト教徒たちは、ユダヤ教徒と同じように土曜日を安息日としていたが、ユダヤ教との対立が深まる中で、イエス・キリストが復活したとされる日曜日を祝日とするようになった。そして三二一年、コンスタンチヌス帝は「日曜日強制休業令」を発布し、三六四年の教会会議で「安息日は日曜日」と正式に決定された。

その後の皇帝はキリスト教との関係強化を図り、ローマ宗教の寺院や祭司の財産を没収したり異教の寺院を破壊したりした。そしてついに三九二年、テオドシウス一世（三四六頃〜三九五）はキリスト教をローマ帝国の国教に認定した。同時に他の宗教は、異教信仰として禁止されてしまう。これはユダヤ教にとっても大きな衝撃となった。

国教化されて政治権力の支持を受けるようになると、キリスト教そのものの変質が始まる。これまでの社会制度や既存文化とも折り合いをつけなければならない。また女神の神殿を聖母マリアをたたえる教会に変えたり、異教の神像を流用することさえあった。それに政治権力を利用して異教徒に圧力をかけ、あるいは異端者を迫害するようになる。

こうした迫害を正当化したのは、キリスト教最大の思想家・神学者とされるアウグスティヌスである。彼は故郷の北アフリカで司教を務めたが、異端との論争を通じてキリスト教神学の基礎を築き、「人間が負う原罪は神の恩恵がなければ救われない」と主張した。

15 国教化され東西に分裂

キリスト教が「ミラノ寛容令」でローマ帝国に公認されたとき、すでに新約聖書の編修は終わっていたが、各地の教会から教義について疑問が提出された。そのとき、「それは全体会議を開いて解決すれば良いではないか」と提案したのはコンスタンチヌス帝で、三二五年にニカイア公会議が開かれた。この時点では彼はまだキリスト教徒ではなかったが、低下気味のローマ帝国の勢力回復に急伸中のキリスト教の勢いを利用したいと考えたのである。

ニカイアは小アジアの町（今のトルコ北西部＝地図⑤参照）で、主に東方地域の教会から司教や司祭ら約三百人が参加したという。議題には復活祭の日付統一なども含まれていたが、中心議題はユダヤ教と同様に「厳格な唯一神教」を主張するアリウス派への対応であった。つまり、イエス・キリストの神性をどのように解釈するかが中心であった。アリウス派は次のように主張する。「創造主である神は、父のみである」「子であるイエス・キリストは、父による天地創造以前には存在しなかった」「イエス・キリストは神の被造物であって、神の養子になった」「父なる神、子なるイエス・キリスト、聖霊は、それぞれまったく別ものである」

これに対してアタナシウス派など大多数の「三位一体」説側は真っ向から反論し、「父なる神、子なるイエス・キリストは同質である」

というニカイア信条を採択し、アリウス派を異端と断じて追放することにした。ただ「同質」と「相似」のどちらを使うかをめぐって議論が沸騰したという。ともかく聖書にはない「同質」という概念が初めて教義の中に取り入れられたのである。

こうして公会議で異端とされたアリウス派の信者は、激しい迫害を受けることとなる。しかしローマ帝国領土外のゲルマン人の王国ではアリウス派の教勢が盛んになった。さらにエフェソス公会議（四三一年）やカルケドン公会議（四五一年）でも異端説を切り捨てて、キリスト教主流は自らの教義を洗練させていった。

しかしキリスト教を国教化したばかりのローマ帝国は三九五年、東西に分割されてしまった。このあおりで、これまでまとまっていたキリスト教主流派も東西に分かれざるを得なくなる。

東ローマ帝国（ビザンツ帝国）は新しい首都をコンスタンチノープル（今のイスタンブール）に定め、もともとここを拠点にしていたキリスト教会を支援しつづけた。一方の西ローマ帝国は四七六年、東ゲルマン系のゴート族に滅ぼされるが、ローマに根づいたキリスト教は「聖ペテロの後継者」を自認するローマ教皇のもと、西ヨーロッパ全域への宣教を加速させた。

16 正教会とカトリック

ユダヤ教には各地区に住民の集まる会堂（シナゴーグ）があるが、キリスト教でもこれに似た教会が設けられた。会堂と違って、教会には住民代表の長老がおり、その上に主宰者の主教がいる。その教会を地域ごとに束ねるのが大主教で、さらに全体を総括しているのが総主教である。

ローマ帝国時代には総主教庁（大教会）はローマのほか、コンスタンチノープル、アンティオキア、アレクサンドリア、エルサレムにあったが、東西分割後は始めの二つが中心的な役割を果たした。東ローマ帝国の首都コンスタンチノープルの東方教会は「ギリシャ正教会」、ローマの西方教会は「ローマカトリック教会」と名乗って信徒獲得に乗り出した。

それぞれの名前にある「正」や「カトリック」（意味は、普遍）は、いずれも「正統、主流」を意味する。しかし別々の国に分かれてしまえば公会議が開きにくくなり、教義の解釈などの違いがだんだん大きくなっていった。やがてどちらが正統なのかも紛らわしくなる。

東西の教会で最も大きな違いは、儀式で使う言語であった。東方教会はギリシャ語を、西方教会はラテン語を使った。東ヨーロッパの中央部には雑多な民族が住んでいたので、宣教はたいてい地域住民の言語で行ったが、少し学のある者はギリシャ語が分かり、新約聖書だけでなく旧約聖書も読むことができた。

新約聖書はもともとギリシャ語だが、ローマ帝国との関係を深めるため西ヨーロッパでは、聖書ははやばやとラテン語訳に変えられていた。だから日ごろラテン語を使わない人々には、両方の聖書ともまさに、マタイの福音書にある通りの〝豚に真珠〟であった。

また東西での違いは、政治と宗教の関係にも現れた。東ローマ帝国では皇帝が「神の代理人」としてコンスタンチノープル総主教の任免権をもっていた。もちろん教義に関する最終決定権は教会会議にあったが、教会が国家システムの一部をなしていたわけである。

一方、西ローマ帝国が健在で、しかも教会が弱かったころは政治権力に従うしかなかったが、キリスト教徒が市民の多数派を占め、皇帝も洗礼を受けるに及んで、ローマカトリック教会に強みさえ見えはじめた。さらに帝国滅亡後は、政治権力のバックなしで教会自身がすべてを切り盛りせざるを得なくなり、ローマ教皇は自由に教義を決定できるようになった。

時あたかも、西ローマ帝国に大挙して侵入してきたゲルマン民族が、元のドルイド教からキリスト教への改宗を始めた。もともと宗教の権威を認める民族だったので、その王たちまでがキリスト教会の聖職者を尊敬し、優遇した。西ヨーロッパ中央部の森林地帯では開墾が進み、ローマ教会への土地の寄進も増えて領主となり、周辺の諸王国を超すほどの財力も備わった。

17 プロテスタントの反抗

東ローマ帝国のコンスタンチノープルを拠点とする東方教会のギリシャ正教は、バルカン半島のブルガリア、セルビア、ルーマニアなど周辺地域に広まり、「イエス・キリストによる最後の審判まで続く最後の楽園」と言われたほど平穏な時代が長く続いた。正教の勢力はやがて東ヨーロッパからロシアへも静かに浸透していく。

一方のローマカトリック教会は、西ヨーロッパ全域と最北のスカンディナビア半島までを翼下に収めてしまった。教会の信徒から徴収する教会税は、教皇を元首とするバチカン国に吸い上げられる仕組みだったが、近代国家の芽が吹き出した十六世紀、各国が自国の富の流出を阻止しようと、地域の教会に対してローマカトリック教会との絶縁を迫るようになった。

折も折、カトリックの拠点サンピエトロ大聖堂の改築費用をまかなうため、教皇レオ十世は免罪符（贖宥状《しょくゆうじょう》）を発売した。これに異議を申し立てたのがドイツの神学者マルティン・ルター（一四八三～一五四六）であった。「教会ではなく、聖書をキリスト教の基本に据えよう」と呼びかけ、自ら翻訳してドイツ語聖書を作り上げた。

教皇の免罪符を買えば「天国と地獄の間にある煉獄《れんごく》の霊魂の罪が償《つぐな》える」という触れ込みだったが、ルターは「人は内的な信仰によって救われるのであり、儀礼や善行とは何の関係もない」と主張した。そしてローマとは無関係な「ルーテル教会」を創立して牧師に就任し、元修道女と結婚してカトリックの司祭との違いを鮮明にした。

ルーテル教会は地方君主や国家の支援を受けて勢いづき、ドイツから北欧へも広がっていく。以前から指摘されていた教皇の権威主義、聖職者の堕落、聖人崇拝などに対する批判に信徒たちの不満も結びついて、プロテスタント（意味は、異議を唱える）派による宗教改革運動が中部ヨーロッパやイングランドで燃え上がることになった。

フランスの神学者ジャン・カルバン（一五〇九～六四）は主著『キリスト教綱要』や説教集、旧約・新約聖書の注解を出版してプロテスタント各派に大きな影響を与えた。しかし二十五歳のときパリで書いた決起文がもとで亡命に追い込まれ、スイスのジュネーブに来て礼拝様式などの改革を進め教会規則を整備した。「改革派教会」は彼の思想的流れを引く教会である。

イングランドの宗教改革はヘンリー八世の離婚問題が直接の原因だったが、ヨーロッパに広がったプロテスタント運動に刺激されてローマ教皇と決別し、国王を首長とするイギリス国教会を設立した。しかしこの改革をさらに徹底させようとしたのがプロテスタント派のピューリタン（清教徒）たちで、その一部は十七世紀前半、信仰の自由を求めて北アメリカへ渡った。

18 戦争・十字軍・魔女狩り

宗教改革で支配圏を狭められたローマカトリック教会は、何回も公会議を開いて教義や制度に手を加え、スペインの男子修道会イエズス会の力を借りて〝対抗改革〟に乗り出した。さらにスペイン政府や軍隊を背景にプロテスタント教会の撃破をめざし、ヨーロッパを優に一世紀を超す宗教戦争に巻き込んだ。

ほとんどがカトリック支持派とプロテスタント支持派の内戦である。主なものは一五二九年に始まったスイスのカッペル戦争、次いでドイツのシュマルカルデン戦争、フランスのユグノー戦争、ドイツの三十年戦争。そしてオランダの八十年戦争は、やっと一六四八年に終結した。

カトリック教会が関与した長期戦争には、十一世紀末〜十三世紀の十字軍遠征もある。イスラーム王朝に領土を脅かされた東ローマ帝国の依頼を受け、ローマ教皇ウルバヌス二世が「聖地エルサレムをイスラーム軍から奪還しよう。参加したキリスト教徒は罪の償いが免除される」と宣言したのが始まりで、第一次十字軍（一〇九六〜九九年）にはフランスの騎士たちが参加した。

しかし一連の遠征は聖戦とはほど遠く、イスラーム教徒の各都市で虐殺や略奪を繰り返しながらの進軍だった。さらに各地の諸侯による小規模な遠征隊や庶民十字軍、羊飼い十字軍などがたらたら続く。貧しい農民が家財道具を車に積んで引っ越しに利用した例も多かったという。逆に、イスラーム圏にあった多くのキリスト教会が破壊されることにもなったのだ。

さて、宗教改革に始まる半狂乱の時代が過ぎ去ると、キリスト教を包む環境は一変して世俗化が進んでいた。この間にニコラウス・コペルニクス（一四七三〜一五四三）が「地動説」を唱え、ガリレオ・ガリレイ（一五六四〜一六四二）が望遠鏡で天体観測を始めて『天文対話』を書いた。ところが二人ともローマ教皇から「異端」と裁定され、ガリレオは終身監視軟禁の刑に服した。

カトリック教会の異端審問所は、正統な教義に反する意見を述べるキリスト教徒を裁くために設けられ、科学者のガリレイは何回も呼び出された。魔女狩りも異端審問の形式を踏んだが、信徒でない魔女や魔術師（魔法使い）もこれに準じて扱われ、拷問を課せられることも多かった。

もともとヨーロッパでは、地域の人々による民衆裁判によって治安を維持する伝統があり、暴力や窃盗と同様に「魔術によって出た害」も裁きの対象にしていた。だから他の犯罪なみに被害に応じた刑が科されていたが、十五世紀からカトリック教会が異端として目を光らせたのだ。

魔女狩りの根拠は、旧約聖書『出エジプト記』の「死に値する罪」として「女呪術師を生かしておいてはならない」という記述にある。聖書に忠実なプロテスタント教会も同調し、全ヨーロッパで十八世紀までに約四万人が死刑に処されたとされる。

19 修道院という祈りの場

宗教改革と宗教戦争をへた西方教会は、「ローマカトリック教会」と「プロテスタント教会」の二教派に分裂したため、「正統」を自認する教派は東方教会の「ギリシャ正教会」と合わせて三つに増えた。この中でプロテスタント教会に特徴的なのは、修道院制度の否定であった。

宗教改革が始まると「修道生活はキリスト教の本来的な姿とは無関係だ」との批判が強まり、プロテスタント運動の盛んな地域では政府が修道院の財産を没収した。また旧体制の一部とみなされて修道院の多くが破壊され、修道士は姿を消した。イギリスやデンマーク、ノルウェー、スウェーデンでは修道院は解散させられ、ドイツでは三分の一を失った。

修道士の原型は三世紀、エジプトに現れた。熱心な男性キリスト教徒が世俗を離れて砂漠で孤独な生活を送りはじめ、やがて生活と信仰行動を共同して行うグループが生まれる。これが東ローマ帝国の東方教会に伝わり、さらに六世紀初めイタリアの聖職者ベネディクトゥスが西方教会にも移入してモンテカシーノの丘に修道院を開いた。

このとき彼が成文化した『聖ベネディクトの戒律』は、修道生活のルールとして他の修道院にも広まっていった。「清貧・従順・貞潔・定住」の誓いを立てたベネディクト会の修道士は、修道院に住み、生活の糧を得るための労働と神への祈り、地域での伝道に生涯をささげた。彼の妹スコラスティカも、同じ戒律に従って生活する女子修道院を開いた。

修道院制度は、西方ではまずアイルランドに伝わった。やがてアイルランドの修道士たちがイギリスやヨーロッパ本土に渡り、人里離れた土地を開拓して修道院を建て「神と共にある生活」を営む修道院のスタイルを広めたという。

だから修道生活は自給自足が原則で、農業から大工仕事、医療、さらに印刷まですべて修道士たちが手分けして当たった。やがてそこから新しい技術や医療、薬品も生み出される。ヨーロッパに古くからある常備薬に修道士や修道女のデザインが見られるのはその名残である。また典礼に欠かせないワインのほか、ビールや薬草酒などリキュール類も醸造された。

土木・建築などの先進技術、歴史記録や自然研究など学問の発展に貢献した修道院も多い。戦乱のため農業技術の革新が遅れていたロシアに輪作システムを導入したのは、荒れ野に建てたロシア正教会の修道院群であった。また医療や介護、病院のルーツも修道院にある。

ずっと後に遺伝学の基礎を築いたグレゴール・メンデル（一八二二〜八四）も修道士で司祭であった。修道院（今のチェコのブルノ）の庭に何年もエンドウを栽培して交配実験を続け、優性・分離・独立という「メンデルの三法則」を発見して一八六五年に研究成果を発表した。

20 天動説とカトリック

勃興中のイスラーム王朝から東ローマ帝国を助けようとローマ教皇が始めた十字軍遠征だったが、悪名高い第四次十字軍（一二〇二〜〇四年）によって逆に帝国の首都コンスタンチノープルが攻略されて荒れ果てた。そしてついに一四五三年、イスラーム国家のオスマン帝国がキリスト教国の東ローマ帝国を滅ぼし、コンスタンチノープルを自らの帝都に変えてしまう。

一方のローマカトリック教会は、十字軍遠征によって東方からもたらされた文化や文物を取り入れてキリスト教の基盤固めを急いだ。特に旧約聖書の『創世記』の補強に役立つとされたのが古代ギリシャの研究成果をまとめた天文学大系『アルマゲスト』十三巻であった。この書物によって「天動説」が確立され、それから千四百年間も世界の宇宙論の基準となった。

これは紀元二世紀前半の三十年間、エジプトのアレクサンドリア大図書館に勤めた天文学者・地理学者クラウディオス・プトレマイオス（八三〜一六八頃）が著した。過去数百年分の天体観測データのほか、ギリシャ自然哲学の最高権威アリストテレスの宇宙体系も取り込まれている。

こうして権威づけられた「天動説」は、西ヨーロッパに伝わるとカトリック教会に支持され、教義の権威づけに利用された。「神聖な天界は、永遠に円運動を続ける」というアリストテレスの断言が気に入られたのだ。確かに円や球ほど、完全で美しい図形はそれほど多くない。

その半面、自然哲学者や天文学者は火星などの〝よろめき運動〟の説明に大変苦労することになる。プトレマイオスは「惑星が張りついている天球には〝周転円〟という別の車が取りつけられていて、惑星はそれに乗って円運動をする」という苦肉のモデルを作ったが、つじつま合わせにてこずり、周転円が八十個にも増えてしまった。

こんな天動説に異議を唱えたのは、ポーランド生まれのコペルニクスであった。彼はカトリック神父という聖職にあり、医者や法律家も兼ねていたので慎重にふるまった。それでも著書『天体の回転について』に発表された「地動説」の仮説は、まさに衝撃的であった。

「地球には北極と南極を貫く地軸があって、一日に一回回転している（自転）。西から東へ回るので、地球上からは天球が東から西へ回っているように見える」

「地球は一年かけて太陽の周囲を運行する（公転）。その向きも東方である」

「火星など五つの惑星も、太陽の周囲を公転している」

彼は一貫性のある宇宙論を組み立てようと、簡単な道具を考案して星の位置を観測し、得意の幾何学を応用して惑星の動きを解きほぐしていった。しかし『天体の回転について』はローマ教皇から「異端」と判断され、ガリレイの『天文対話』とともに長く禁書とされた。

21 時間と空間どこまでも

中世キリスト教の抑圧的思想に突破口を開いたコペルニクスは、聖職を兼務していたが、彼の「地動説」を応援したイタリアの物理学者ガリレイも、娘二人を修道女にするほど敬虔なカトリック教徒であった。しかしアリストテレスやプトレマイオスの宇宙観に盲目的に従うローマカトリック教会の姿勢には、注文をつけざるを得なかったのだ。

さらに「万有引力」の発見者アイザック・ニュートン（一六四二～一七二七）、『種の起源』を著して「進化論」を唱えたチャールズ・ダーウィン（一八〇九～八二）はともにイギリス人で、若いときは聖職者を志していた。遺伝法則を発見した修道士メンデルも含め、みんな宇宙を創造した神を信じ、その意志と威光を明らかにしようと研究に励んだのである。

ところがニュートンが導き出した「運動の第一法則」は、「動き始めた物体は、外力が加わらない限り一直線上を等速で動き続ける」という。この法則が適用されるには、宇宙は時間も空間も無限大でなければならない。すると、「遠くない将来、〝時間の終わり〟が訪れ、キリストの再臨によって死者を含めて最後の審判を受ける」という聖書の教えと矛盾するではないか。

しかしガリレイを「異端の罪」で監視つき軟禁の終身刑に処したローマカトリック教会も、ニュートンには手の出しようがなかった。ニュートンは「新教」のイギリス国教会（聖公会）に属していたので、召喚したくてもどうにもならなかったのだ。もしかしたら、ニュートンが導き出した運動方程式や「運動の法則」が理解できなかったのかも知れない。

それでも律義なニュートンは、二十二年後に『プリンキピア』全三巻（正式には『自然哲学の数学的諸原理』）を著し、その末尾に言い訳がましい文章を付け加えた。

「太陽や惑星、彗星《すいせい》の壮麗な体系は、全知全能の深慮と支配によらなければ成り立ちようがない。また他の惑星体系の中心である恒星も、太陽と同じ本性を持ち、互いに光を送り交わしているが、それぞれの重力で引き合って落下することのないように、〝唯一神〟が限りなく遠くに配置したもうた」

これは信仰告白なのか。ともかくニュートンの宇宙とは、恒星がばらまかれた無限大の空間である。太陽は無数の恒星の一つであり、地球も無数の惑星の一つに過ぎない。

また、ダーウィンの「進化論」は、聖書の『創世記』に真っ向から対立する学説であるが、イギリス国教会の反応は様々であった。自由主義的な聖職者たちは「自然選択」を「神のデザインの道具」と見なし、博物学に通じた牧師らも「見事な有神論の概念だ」「自然の自己進化力の原理を見抜いた」と称賛した。科学者の偉大さに舌を巻いた形ではある。

22 期待される全知全能

旧約聖書『天地創造』の「契約と割礼」の章で、主の神が初めて自己紹介をする。

――アブラムが九十九歳になったとき、主はアブラムに現れて言われた。

「わたしは全能の神である。あなたはわたしに従って歩み、まったき者となりなさい」――

全能とは、何事でもなしうる能力である。よく使われる「全知全能」のほうは、「完全無欠の知能」を意味し「あらゆることを知り尽くす知恵と才能」を強調しているようにも受け取れる。

ともかく神は完全無欠の知能を働かせて、人間からのどんな難しいお祈りでも片づけてくれるのだ。しかし「それにしては……」と、欲深な現代人の心にはさまざまな疑問がわいてくる。

「神が超越的な力を持っておられるのなら、これほど天災・人災・戦争の連続する世界を、どうしてお造りになったのだろう」

「全知全能の神がなぜ、生まれながらに罪を持つ人間を造ったのか。おまけに〝悔い改めよ〟とおっしゃるのはどういうことか。罪があるのは人間の責任なのか」

「ノアの箱船の話は、生き物の創造に失敗があった証しではないか。正しく生きたノア一族と動物の種類代表を除いて、すべてを大洪水で粛清《しゅくせい》することにしたのだ」

「人間から見れば、この世界は欠陥だらけでも、神の目で見れば完全なのかも知れない。でも、神と人間の見方の違いについて、どの預言者も説明してくれていない」

「最後の審判で、天国へ送るか地獄へ落とすか、当初から神は決めているはず。地獄行きと決まっている者に、善行を積んだり教会に通わせたりするのは無駄というものだ」

「人間が不幸や苦難に遭遇するのは、神の責任ではなく、神が愛をもって私を試してくれているのだ。試練と受け止めて何とか耐えよう」

こんな具合に悩まなければならないのは、一神教信者の宿命なのだろう。この点、多神教の信者なら「お祈りやお供えが足りなかったのか」とか「もっと悪くなっても仕方ないところを救われたのだから、やはりご利益《りやく》があったのだ」などと思いなおせるだろう。

一神教の信奉者は、この世の中で起こるすべての出来事の采配《さいはい》を、人間によく似た姿・言葉・人格を持つ究極の責任者にまかせて暮らす。だから生活に狂いが生じたとき、その責任を問いただしたい気持ちに駆られるのも無理はない。

一般に多神教では、多くの自然現象の背後に神を考える。例えば、稲作農夫が豊作を願う場合、田の神、太陽の神、水の神、風の神などとバランスよく付き合う必要がある。そして作柄が思わしくなくても、それぞれの神の責任をそれほど厳しく追及したりはしない。

23 開き直って美術館教会

ローマに本拠を置くキリスト教会は、四世紀ごろから他の都市の教会に呼びかけて公会議をたびたび開き、「異端」の摘発と追放によってキリスト教の「正統」を維持してきた。しかしのちに当のローマカトリック教会そのものが「異端」にはまっていく。拠《よ》り所の一つである旧約聖書では偶像崇拝が厳禁されているのに、教会の中を美術館なみに彫像や絵画で満たしたのだ。

「いかなる像も造ってはならない。いかなるものの形も造ってはならない。あなたはそれらに向かってひれ伏したり、仕えたりしてはならない」

こんな具合に『出エジプト記』の「十戒」の章で厳しく戒められている。これについては「十字架上のイエス像は、神の子になる前の人の姿である。聖母マリアや聖人たちの像も、崇敬すべき人の存在を知らせる手段に過ぎない」と苦しまぎれの言い訳で通した。

実はローマ教会が典礼言語をラテン語に限ったため、ラテン語が分かる知識人でなければ、聖書は読めないし、教義も理解できない。そこでやむなく教会内に彫像や絵画、ステンドグラスに絵物語を配し、地元の言葉で説明を加えて説教を補ってきた。そこを突いてプロテスタントのルターは、初めて聖書を俗語のドイツ語に翻訳することになったのだ。

いったん禁を犯せば、〝毒を食らわば皿まで〟の例え通り突き進むのは、まったく俗世間なみであった。カトリック教会はルネサンス期、潤沢な資金力を背景に宗教画を発注し、ベロッキオやボッティチェリ、ダ・ビンチ、ラファエロ、ミケランジェロら名人画家や彫刻家の作品で壁や天井を余すところなく飾りたてた。また東方教会ではイコン（聖画像）が活用された。

一方、ローマ教皇グレゴリウス一世が六世紀末、教会の権威づけを意図してグレゴリオ聖歌を選定し、ミサの時間つなぎに修道士や聖歌隊に歌わせることにした。当初はユダヤ教の聖書朗唱の節回しをまねた単旋律であったが、やがて多旋律から和声音楽に変わっていった。

新教でもルターは、典礼音楽としてコラール（賛美歌）を奨励し、自らも聞き取りやすいドイツ語で作詩し、作曲にも手を染めた。やがてドイツのプロテスタント教会からコラールを基にしたオルガン曲や声楽曲が生み出された。

こうして西方教会は、聖歌や賛美歌からミサ曲、モテット、カンタータ、オラトリオなどを発展させ、のちの西洋音楽を育んでいく。代表的な宗教曲にバッハの「ミサ曲ロ短調」「マタイ受難曲」「クリスマス・オラトリオ」、ヘンデルの「メサイア」、ハイドンの「天地創造」「四季」、モーツァルトの「ミサ曲ハ短調」「戴冠ミサ曲」のほか、多くの作曲家による「レクイエム」（鎮魂ミサ曲）があり、教会以外でも演奏されてキリスト教のPRに貢献することになった。

24
離乳食に集まる人気

世界初の一神教であるユダヤ教では、主の神ヤハウェはいっさい人前に姿を現したことはなく、人間とのコミュニケーションは常に預言者を介してなされた。紀元六一〇年にアラビアで創始されたイスラーム（イスラム教）も、その教えは大天使ジブリール（ガブリエル）を通じて使徒ムハンマドに言葉で伝えられた。

ところがキリスト教の場合、限りなく神に近いイエス・キリストが人類の歴史の中に登場し、パレスチナあたりを足早に説教して回ったあげく、三十歳余で華々しく十字架刑で消え去った。この〝不可解な生涯〟をみごとに解釈して構成されたのがキリスト教であった。

ユダヤ教の堅苦しい「律法」に代えて、キリスト教は「神の愛」「隣人愛」を強調した。民族の結束固めを意図する「割礼」などを免除すると、ユダヤ人以外にも急速に広がっていった。ともかく「神の子」を信じるだけで救われるという。教会は飾りたてられ、妙なる音楽も流れる。

食事に例えれば、繊維質が多くて歯応《はごた》えのある食材から離乳食に替わったのである。

なぜ、過去の過ちを反省して、心を入れ替えただけで救われるのか。キリスト教神学は、ユダヤ教が気づきもしなかった〝人類の罪と救い〟の理屈をひねり出した。
「人類の始祖アダムとイブはエデンの園で豊かに暮らしていたが、蛇にそそのかされて〝知恵の木の実〟を食べたため神の怒りを買い、エデンの園から追放されて永遠の生命を失った。その子孫である人類はすべて、生まれながらに大罪（原罪）を抱えている」
「しかし〝神の子〟イエス・キリストは、痛ましい十字架刑により全人類の罪をまとめて償ってくれた。それゆえイエス・キリストを信じるだけで救われるのだ。ただし、〝最後の審判〟だけは誰も免れることはできない」

実は「エデンの園事件」や「ノアの箱船事件」のあと、神はイスラエルの民が守るべきルールを明らかにしようと、モーセに律法（十戒）を下して契約を交わした。それでもなお人々は神をないがしろにし、平気で契約違反を繰り返す。違反者はこの世の終末に行われる〝最後の審判〟によって〝地獄行き〟の判決を受けると脅かしても、大した効き目がない。

ついに神は、期待をかけてきたユダヤ民族に愛想を尽かし、懲らしめにダビデ王やソロモン王が築いたイスラエル王国を滅ぼし、いったんユダヤ人を散り散りばらばらにしてしまう。

悲しい〝バビロンの捕囚〟でようやく目を覚ました預言者たちは、大急ぎでヘブライ語聖書の編修に専念したが、それもギリシャ語やラテン語に翻訳されてキリスト教にまるまる利用されることになる。しかしユダヤ民族は決してあきらめなかった。

25

どっこい、ユダヤの底力

第一次ユダヤ戦争（紀元六六〜七〇）でエルサレム神殿が破壊されると、ユダヤ教は苦境に立たされ、三九二年のローマ帝国によるキリスト教の国教化で衰退が決定的となった。しかし世界各地へ移住したユダヤ民族は、伝来の聖書を絆《きずな》として、あちこちにユダヤ人自治共同体を築いていった。これこそ父祖アブラハムに始まる〝ヘブライ魂〟の発露に違いない。

ところで、ユダヤ人とは「ユダヤ教を信仰する人」のこと。古くは「ユーフラテス川を渡ってきた移民」という意味でヘブライ人と呼ばれ、ずっと古代ヘブライ語を話してきた。そしてカナンに定住してからはイスラエル（意味は、神に見守られる）人と自称するようになる。

ヘブライ人は遊牧民として荒野を流浪したが、イスラエル王国滅亡後は多くのグループに分かれてカナンを離れ、離散民（ディアスポラ）となっていった。古代世界で最大のユダヤ人共同体はエジプトの大都市アレクサンドリアにあった。ヘブライ語が話せないユダヤ人のために、ここでギリシャ語聖書が編修され、これがキリスト教の東方教会でも利用されることになる。

ユダヤ人が地中海沿岸の多くの都市に住み着いたのは、ローマ帝国などの弾圧だけが原因ではなく、地中海を舞台にした人や物の自由な交流の発達も関係していた。しかしキリスト教徒やイスラーム教徒（ムスリム）に卑しめられていた金貸し業などで生計を立てざるを得なかったのだ。シェークスピアの『ベニスの商人』からもトラブルの多かったことが推察できる。

それはともかくユダヤ民族は、長い世界史の中でキリスト教徒やムスリムに繰り返し迫害を受けたが、滅ぶことはなかった。ユダヤ教徒やユダヤ人を親とする人々は現在、イスラエルとアメリカに約五百三十万人ずつ、そのほかフランス、カナダ、ロシア、アルゼンチン、ドイツ、ブラジル、オーストラリアなどを含めて世界中に千四百万人いるといわれる。

ユダヤ教は信仰や教義だけでなく、その前提として実践を重視する。昔からユダヤ教徒は教育こそが身を守る手段と考え、父親が責任を持って子どもの教育環境を整えてきた。一般庶民の識字率が低かった紀元前から、ユダヤ人共同体には授業料無料の公立学校があった。今でも平均的なユダヤ教徒は教育熱心で、子どもの教育のためなら平気で借金をするという。

ユダヤ教への迫害が減りはじめた十八世紀ごろから、自由な信仰活動や教育環境の整備が進んだ。こうしてユダヤ人は世界で最も知的レベルの高い民族集団に属し、今も多くの研究者や芸術家、起業家を生み出している。ちなみに、アメリカの大学院生の四分の一がユダヤ人なのだ。

また世界中に散らばっているメリットを生かして、ユダヤ人は独自の情報ネットワークを作り上げた。そのため商業やメディア関係の職業が多く、独特の強みを発揮している。

⑥ イスラーム帝国の最盛期（8〜9世紀）

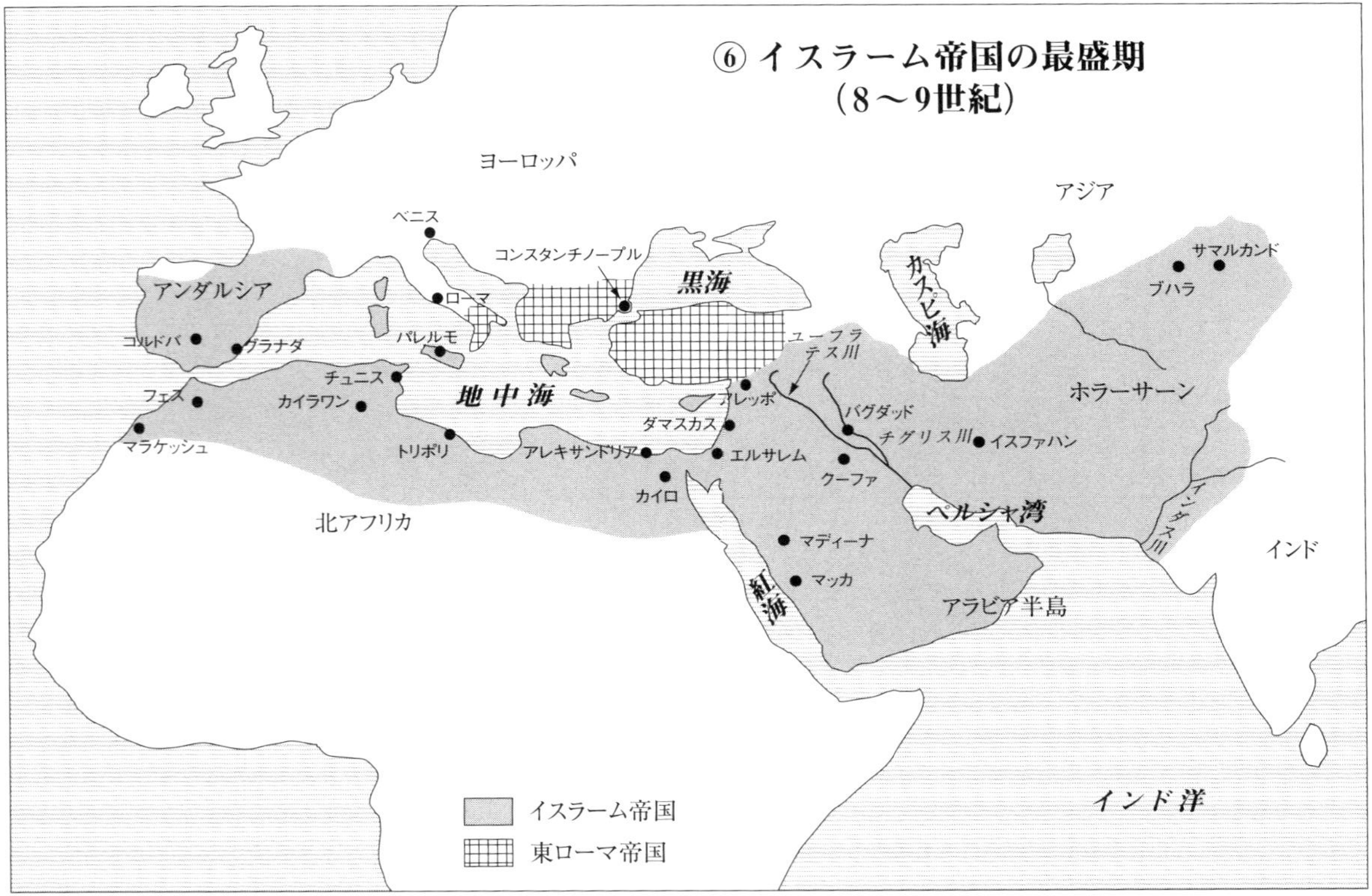

第3章　イスラーム

聖なる枠に暮らせば安泰

1 多神教の半島アラビアに

インドで仏教が始まったのは紀元前五世紀末であった。それから約五百年後の二世紀にローマあたりでキリスト教が形を整え、さらに五百年たってからアラビア半島でイスラーム（イスラム教）が興る。それは聖徳太子が法隆寺を建てた飛鳥時代に当たり、中国大陸の長安（西安の古名）より西に大都市や大国が栄えていることなど、日本ではほとんど知られていなかった。

イスラームの創始者ムハンマドが生まれた六世紀後半、世界最大の半島アラビアは先進地の古代オリエントの域外で、住民の大半は遊牧民であった。しかしあちこちに商人の集まる都市が現れ、紅海東岸のマッカ（メッカ）は約一万人の人口を抱えて賑わっていた（148ページの地図⑥参照）。ラクダなどで物資を運ぶ隊商の中継地として栄えていたのだ。当然、貧富の格差も広がっていく。

ムハンマド（五七〇頃～六三二）は、商人としてマッカを支配するクライシュ族のハーシム家に生まれたが、幼くして孤児になり伯父アブー・ターリブの保護の下で育った。少年は羊飼いなどを手伝ったあと、半島南端のイエメンと北方のシリアを結ぶ隊商に加わる。

こうした隊商の出資者となったのが裕福な女商人ハディージャであった。未亡人の彼女は四十歳になったとき、ムハンマドの人柄にひかれて結婚を申し込む。彼女には前夫との間に子どもがいたが、ムハンマドも彼女のことが気に入って結婚に同意することにした。彼はまだ二十五歳で初婚であった。

当時のアラビア半島は、ユダヤ教の会堂やキリスト教の教会があちこちに建っていたが、住民の大半が信奉していたのは先祖伝来の多神教で、偶像崇拝が中心であった。自然物の岩石や四角い石、黒い石、あるいは樹木に宿るという霊魂（アニマ）を尊ぶアニミズム（聖霊崇拝）が盛んで、呪術《じゅじゅつ》にかかわるシャーマン（巫女《ふじょ》）も多かった。

マッカの中心部に古くからあったカーバ神殿は多神教に開放されており、富を蓄積した少数の大商人たちが豪華な女神像などをぞくぞく寄贈し、その数は三百六十体にも膨れ上がった。それに逆比例するように富裕層の社会的倫理感が薄らいでいく。かつて部族の連帯で行われていた困窮者の救済もなおざりにされ、しだいに社会に不安感が広がっていった。

カーバ神殿は豪族のクライシュ族が管理していたので、その一員のムハンマドもたびたび出入りしていたことだろう。どの神に祈っても、弱者は苦境から抜け出せない。「このままでは社会秩序が崩れてしまうのではないか」――心ある者なら誰しもこんな不安におびえたはずだ。

ムハンマドは隊商として半島北部を旅したときなど、ユダヤ教の会堂やキリスト教の教会に立ち寄って信徒たちと話し、一緒に説教を聞いたり祈ったりしたのではないだろうか。

2 洞窟で瞑想中に啓示

ムハンマドは妻ハディージャと結婚してから普通の家庭生活を送り、六人の子どもを儲けた。しかし長男と次男は幼少時に亡くなり、長女、次女、三女は成人して結婚したが、ムハンマドよりあとまで生きたのは末娘のファーティマだけであった。

何が直接の動機であったか分からないが、ムハンマドは四十歳に近づくころマッカ郊外の小さな岩山にあるヒラー洞窟《どうくつ》にこもって瞑想にふけるようになる。そしてある日、瞑想の最中にふしぎな体験を味わった。突然、はっきりしたアラビア語を聞いたのである。

「読め！」

ムハンマドは驚いて、とっさに答えた。

「私は字など読めません」

彼は教育をまったく受けておらず、多くのアラビア人と同様に読み書きができなかった。するとたちまち、何者かに首をきつく締め上げられ、また「読め！」と命令された。こんなことが三度繰り返されて死ぬほどの恐怖を覚えたとき、長めの言葉が聞こえた。

読め！「創造主の御名《み》において。いとも小さき凝血《ぎょうけつ》より人を創り給う」

読め！「汝の主《しゅ》はこよなく尊き方。筆もつすべてを教え給う。人に未知なることを教え給う」

ムハンマドはすぐに復唱した。洞窟を出た彼に、今度は空から声が降ってきた。

「ムハンマドよ。汝はアッラーの使徒なり。我はジブリールなり」

一連の出来事に動転したムハンマドは家に飛んで帰り、頭から布をかぶって恐怖に震えていた。

そのときまた、ジブリールの声が聞こえた。

「そこの、布をかぶる者よ。立ち上がり、警告せよ。そして汝の主を称《たた》えまつれ」

おどおどせずに立ち上がり、人々にアッラーのことを知らせて称えよ、という命令である。

このとき優しく声をかけたのが愛妻ハディージャであった。親類に相談したところ、キリスト教徒のいとこは「そのジブリールは、アッラーに遣わされた天使に違いない。ムハンマドは選ばれて預言者になったのだ」と断言した。これを聞いたハディージャは最初のムスリム（信徒）になり、「何が起ころうと、預言者ムハンマドを助けていこう」と決心した。

ジブリールとは、キリスト教の新約聖書でいう「ガブリエル」のアラビア語訳だ。聖母マリアに現れて「受胎告知」をするなど、重要な場面に登場する三大天使の一人とされる。このときはヤハウェに遣わされたが、ムハンマドの場合はアッラーだった。要するにイスラームは、ユダヤ教とキリスト教の兄弟宗教であり、世界を創造した唯一の主の神を信奉する。

3 朗唱で味わうクルアーン

イスラームは、ムハンマドに届けられた天からの啓示、つまり天啓によって成り立つ。その後も彼は布をかぶった格好でときどき啓示を受けつづけたが、それを一連のアラビア語文書にまとめたのがクルアーン（コーラン）である。といってもムハンマドは読み書きができなかったから、誰かがいつもムハンマドが朗唱する言葉を書き留める必要があった。

クルアーンは、ユダヤ教の聖書やキリスト教の新約聖書とは趣が異なり、丸暗記して朗唱することが要請されている。実は、原著のアラビア語は暗記しやすいように各節《せつ》の末尾が韻を踏むなど詩的に構成されているのだ。例えば、八十七章「至高の神」冒頭の六節は、

「……………アアラー、………ファ・サウアー、………………ファ・ハダー

……………マルアー、………………アフワー」とすべて〝アの長母音〟で終わり、

「サヌクリウカ・ファラー・タンサー」

で締めくくられる。この締めの節の意味こそは

「われが汝（ムハンマド）に復唱させれば、汝も決して忘れまい」

伝統的にアラビアの各部族は、優秀な詩人を大切に育ててきた。だから、たとえ部族間の抗争に敗れても、その戦いぶりを詩にして歌い、優劣を競いあうこともできたのだ。イスラームを開いたあとは、ムハンマドにも専属の詩人がついて文書化を手伝った。

以下は、天使ジブリールがマッカの住人に向けて語りかけた五十三章「星」の冒頭である。ムハンマドの発言を全面的に保証している。

「沈みゆく星に誓って。汝らの友（ムハンマド）に迷いも間違いもない。ましてや我欲で語ることもない。啓示以外の言葉を含まないからだ」

このようにクルアーンには、砂漠をすっぽりと包む幻想的な夜空の光景があちこちに引用される。星座が展開する天空は、アッラーの創造物の一大象徴なのだ。地上を明るく照らす夜の月も、草木の生育に不可欠な熱を送り込む昼の太陽も、あるいは朝や夜、神秘的な暁や夕暮れもしばしばクルアーンに現れる。たった三節の短い百三章「夕刻」――

「夕刻は、おしなべて喪失感にさいなまれる。ただし信仰に入って正義に燃え、真理と忍耐に向かって互いに励まし合う者たちは別として」

ついでに、詩人に対する挑戦的な言葉を、二章「雌牛《めうし》」から――

「もしも、わがしもべ（ムハンマド）に下した啓示に疑念をいだくなら、汝ら自ら、それ（クルアーン）に勝る言葉を編んでみるがよい」

4 宗教を超えたイスラーム

「慈悲深く慈愛あまねきアッラーに誓って。称えあれ、天地万有の主《しゅ》アッラー。最後の審判の主宰者よ。我らは主を崇《あが》めたてまつり、主にこそ救いを求めん。願わくば我らを導き正道をたどらせ給え。踏み迷い主の怒りに触るることなく、主の良しとする道を歩ましめ給え」

クルアーンは、右のような「開扉《かいひ》」の第一章を〝まえがき〟として始まり、百十四章まで続く。章の長さはまちまちで、短いものはわずか三節、最も長いものは二百八十六節もある。クルアーン全体を日本語に翻訳すると、文庫本三冊の分量になる。

ムハンマドは六一〇年ごろ、岩山のヒラー洞窟で瞑想していているとき金縛《かなしば》り状態に陥り、大天使ジブリールが現れて啓示が始まった。それから亡くなるまでの二十二年間、ジブリールはたびたびムハンマドを訪れ、クルアーンの各章を啓示していった。

とはいっても、第一章から順番通りに啓示されたわけではない。おそらく何節かずつ細切れに降り注いだ天啓を、後から整理して並べなおしたものだろう。大画面のジグソーパズルを構成するように、数節〜数十節ずつの断片を最適な場所にはめ込んでいったのだ。

最終的な章立てはムハンマドの死後に確定されたらしいが、第一章は別として、おおむね節が多くて長い章から降順に並べられている。また章の名前は、それぞれの章に含まれる特徴的な言葉が採用された。ただし、二つの名前をもつ章もいくつかあり、例えば十七章は「夜の旅」とか「イスラエルの民」、また三十五章は「創造主」とか「天使」と呼ばれている。

ところでクルアーンは、「神は唯一である」「神は創造主である」「神は全能で公正である」といったアッラーの偉大さだけを語っているのではない。信徒がなすべき具体的な信仰行為、さらに日常生活や国家のあり方まで示しているのである。

信仰行為としては「信仰告白」「礼拝前の清め」「礼拝の価値」「礼拝の方角」「礼拝時刻の呼びかけ」「定めの喜捨《きしゃ》」「任意の喜捨」「ラマダーンの断食《だんじき》」「大巡礼と小巡礼」「カーバ神殿の価値」「聖地の不可侵性」「同胞愛」「相互扶助」などが述べられている。

また社会規範としては「結婚生活」「離婚」「遺産相続」「養育」「孤児の保護」「親と子の権利」「所有権」「公正な取引」「利子の禁止」「賭博《とばく》の禁止」から「富の分配」「食生活」にわたり、さらに国家についても「統治の原則」「預言者の裁定に従う義務」「イスラーム法の権威」「公共善」「裁判・訴訟」「刑法・刑罰」「奮闘努力」「内乱の禁止」に及ぶ。

だから、この教えは「イスラム教」ではなく、大きく「イスラーム」と呼ばれるのである。

5 六信のもと五行を果たす

「イスラーム」とは、心底から「神に対する絶対的信奉」を表白する言葉であり、またイスラームの「絶対的信徒」のことを「ムスリム」という。

やがてイスラームの領土はアラビア周辺地域ばかりか、地中海の南北沿岸部を西に向かって広がり、モロッコやイベリア半島に達した。またアジア南西部や中央アジア、さらに南半球のインドネシアの島々にも飛び火していく。こうしたアラビア語圏外では、クルアーンはやむなく各地域の言語に翻訳されたが、次の二つのアラビア語を知らないムスリムはいないとされる。

「ラー・イラーハ・イッラッラー」……アッラーのほかに神なし

「ムハンマド・ラスールッラー」……ムハンマドは神の使徒なり

右の言葉こそ、イスラームの第一原理と第二原理なのである。

ムハンマドは単なる預言者ではなく、クルアーンを解釈して信徒を具体的に指導する使徒にも選ばれたのだ。イスラームでいう五大預言者は、箱船でセム族と動物を救ったノアを筆頭に、唯一神教の祖アブラハム、ユダヤ教のモーセ、キリスト教のイエス、そして最後にムハンマドが登場してイスラームを創始したと考える。

ムハンマドはアッラーの使徒として、まずコンパクトな「六信」と「五行」を設定した。

六信とは、ムスリムがその存在を信ずべき、次の六つである。
①アッラー……唯一、絶対、全能の神で、世界の創造主。人間に啓示を与える。
②天使……神と使徒をつないで啓示を媒介する。例えば、ジブリール。
③啓典……神の啓示の内容。クルアーンのほか「モーセの律法」「イエスの福音」も含む。
④使徒……神と信徒をつないで地上で啓示を伝え、暮らしの中で信徒を指導する。
⑤来世……天国と地獄。啓示に対する「信・不信」を問い、審判後に送られる賞罰の場。
⑥定命……定められた運命。全能の神であれば、すでに各人の運命をも掌握している。
そして五行とは、ムスリムが果たすべき義務行為で、次の五つである。
①信仰告白……「アッラーのほかに神なし。ムハンマドは神の使徒なり」を公然と唱える。
②礼拝……夜明け、昼過ぎ、午後、日没、夜間の五回、マッカの方角に深く頭を下げる。
③定めの喜捨……財産に応じた一定額の寄付。寡婦、孤児、病人など困窮者に分けられる。
④断食……ラマダーン月（第九月）は日の出前から日没まで飲食を断つ。ただし夜間は自由。
⑤巡礼……一生に一度は、巡礼月（第十二月）にマッカのカーバ神殿の集団儀式に参加する。
このようにイスラームの教えは、非常に明快だ。ムハンマドの偉大さに違いない。

6 恐るべし「最後の審判」

ムハンマドがアッラーから受けた啓示は、「マッカ啓示」と「マディーナ啓示」の二つに分けられる。前者は古里のマッカに住んでいた時期に受けたもの（六一〇～六二二年）、後者はマッカ北方約三百キロのヤスリブに移住してから受けたもの（六二二～六三二年）である。

そしてマッカ啓示では、アッラーの唯一性、絶対性、全能性と「最後の審判」が繰り返し強調される。

まず「いとも小さき凝血より人を創り給う」（九十六章「凝血」）と、アッラーは創造主であり、宇宙万物の主宰者であると述べ、さらに「これぞ、アッラーは唯一なる神、子もなく親もなく、並ぶものなき御神ぞ」（百十二章「信仰ひとすじ」）と念を押す。

そして恐ろしいことに「大地がぐらぐら大揺れに揺れ、死者は地下から一人残らず暴き出される。その日こそ神のお告げそのままに、大地が天地終末の意味を語るであろう。人間はぞくぞく地中より復活して現れ、自らの行為の結末を見せつけられる」（九十九章「地震」）

「大空が真っ二つに割れて、主の言葉に耳傾けるとき、大地は山が飛び散り平らに延びて、主の言葉に耳傾けるとき」（八十四章「真っ二つ」）「いよいよラッパが吹き鳴らされると、信仰なき者には辛く苦しい日」（七十四章「衣に身をくるんだ男」）、「すべての秘密は暴き出されて、もう力もなければ、助け手もない」（八十六章「明星」）

「人はみな自分のことで手一杯。兄弟も、父母も、連れ合いも、子どもからも逃げ出す日」（八十章「眉をひそめて」）「誰もが誰の面倒も見てやりようもない日。その日こそ、すべての主権はアッラーの御手《み》に」（八十二章「割け割れる」）

恐るべき「最後の審判の日」に備えて、人間はみな行いを正し、アッラーに帰依しなければならない。「はかない現世」の快楽に溺れず、来世の幸せを願い求めよ——とクルアーンは、一貫して説くのである。

「この世は、ただ束の間の戯れにすぎない。遊びにすぎない。〝来世こそ真実の命〟と言っても、なかなかみんなには理解できないかも知れないが……」（二十九章「蜘蛛《くも》」）

「心なき無信仰者は、いずれ地獄の劫火《ごうか》に焼きたてられ、死にきれもせず、生きられもせず。それなのに汝らは、はかないこの世がいとしいか。来世のほうがどれほどましか、どれほど長いか知れないものを」（八十七章「崇高な神」）

当時のアラビアの社会的、宗教的状況から考えれば、このようなムハンマドの画期的な預言は人々を心底から震え上がらせたことであろう。

7 まず若者層がムスリムに

ムハンマドは四十歳のとき、故郷のマッカで預言者の自覚を得たが、すぐに布教を始めたわけではない。まず妻ハディージャに啓示の内容を納得させ、次いで自分が属するクライシュ族の小支族タイム家出身の裕福な商人アブー・バクルにも相談した。すると彼はムハンマドの話に耳を傾け、「手伝うことがあれば、ぜひ力になりたい」と好意的に受け止めてくれた。

当初はまだムスリムが果たすべき「五行」などは定まっておらず、とりあえず身近な仲間を集めては礼拝や喜捨を勧めた。礼拝はおそらくヒラー洞窟のある岩山の方角を向き、「アッラーのほかに神なし。ムハンマドは神の使徒なり」と合唱しながら行われたのに違いない。ムハンマドの説教はいつも「最後の審判」を取り上げ、「来世の賞罰を恐れよ」と諭した。

初めの三年間の布教は、ほとんど秘密裏に行われた。身内のクライシュ族は、多神教の偶像を数多く祭るカーバ神殿の管理役を務めていたので、唯一の超越神を立てて偶像崇拝を否定する新宗教にかるがる加担するわけにもいかない。イスラームにまず大きな関心を示したのは、喜捨で集めた浄財の配分を受ける側、つまり社会の底辺層であった。

時あたかもインド洋と地中海を結ぶ隊商が盛んになり、それにかかわった商人の跡取りたちからの入信者が増えてくる。若者層は貧富の差の拡大による暴動を心配する一方、雑多な神々を好き好きに崇める伝統的風習に疑問を感じはじめたのだ。要するに、イスラームは血縁よりも個人を重視し、部族や家族のしがらみから脱皮するきっかけを与えることになった。

しかし公然と布教を始めると、たちまち長老層による反発が強まり、ムスリム集団に対する妨害や迫害が激しくなる。ムハンマドはさらに六一九年、最愛の妻ハディージャと少年時代から後見人を務めてくれた伯父をいっぺんに亡くすと、身に危険が迫るのをひしひしと感じ、いったんはマッカを離れたほうが得策ではないかと思いはじめる。

ムハンマドが移住先の適地と考えたのは、マッカから三百キロほど北方のヤスリブ（のちにマディーナと改称）の町であった。たまたまマッカを訪れたヤスリブの若者たちがイスラームに帰依したのをきっかけに、ヤスリブの住民にもムスリムが増えはじめていたからだ。

マッカの住民の大半がクライシュ族に属していたのに対して、ヤスリブでは何かにつけてハズラジ族とアウス族が対立し、紛争が絶えなかった。それに早くからヤスリブに根を下ろしていたユダヤ人との勢力争いもからみ、社会が混迷を極めていた。長年の部族抗争に疲れたアラビア人の長老たちもお手上げ状態で、こんな意見さえ飛び出す始末であった。

「いっそのこと、ムハンマドを招いて、部族間の調停を頼んでみてはどうだろう？」

8 啓示に沿って国づくり

すでにムスリムに仲間入りしていたハズラジ族の若者たちがマッカに現れたとき、ムハンマドはいち早く吉報に違いないと確信した。彼らは顔に喜びを湛《たた》えながら、それぞれヤスリブの現状と招待の言葉を伝えた。

「族長や長老たちもイスラームに大いに関心を抱いています。ぜひヤスリブにお住まいになり、町の者みんなにアッラーのことを教えていただけませんか」

「アッラーのことを知れば、これまで長く続いてきた部族間の争いも治まっていくに違いありません。ぜひヤスリブを平和で住みよい町にしてほしいのです」

「実はヤスリブの社会は複雑です。ハズラジ族は五支族、アウス族も三支族に分かれていて、ほかにユダヤ教を奉じる三部族のユダヤ人もいるのです。預言者で使徒であられるムハンマド様に調停をお願いするほかに方法がありません」

ムハンマドはうなずき、クライシュ族の中で受けているムスリムたちの迫害を訴えて、

「わが信徒も何百人か一緒に移住することになるだろうが、どうかご理解いただきたい」

と丁重に伝えた。ヤスリブの町にはもう一つ、クライシュ族のムスリム集団も加わることになるわけだ。ムハンマドの脳裏には早くも、部族間の融和策が浮かび上がった。

「ヤスリブの平和には、すべての部族が参加する相互協約の締結が欠かせないだろう」

それに先立つのは自分たちの移住だ。ムハンマドは六二二年、マッカのムスリムたちを説得して急ぎヤスリブに向かわせたが、これは大正解であった。最後にマッカを出発したムハンマドと盟友のアブー・バクルは、マッカのクライシュ族が差し向けた追討隊に悩まされ、危うく命を落とすところであった。途中で洞窟に隠れて難を逃れた伝説なども残っている。

ヤスリブに着いたムハンマドは、各部族の長老にも若者たちにも歓迎された。住民の多くが多神教を捨てて、アッラーとムハンマドに忠誠を誓った。そして長老の代表が、

「どの部族も我《が》を張るばかりで、何事につけて折り合いがつきません。どうか町全体の統轄者として部族間の調停に当たっていただきたい」

と懇請した。それに対してムハンマドは〝安全保障条約〟の調印を提案した。

「町中の人々がみんな仲良く共生したいのなら、すべての部族が合意できるような契約が必要だと思います。まずそこから手をつけませんか」

こうして預言者ムハンマドは、アッラーの使徒として政治指導者、立法官、裁判官などの役割までも背負わされることになった。小さいながら、イスラーム国家の誕生である。

9 和を願うマディーナ憲章

ムハンマドと盟友アブー・バクルは、ヤスリブの長老や若者たち、それにユダヤ三部族の代表にも加わってもらい、お互いの安全を保障する相互協約の内容を詰めていった。こうして出来上がったのが「マディーナ憲章」である。「ヤスリブ」は間もなく改名されて「預言者のマディーナ」に変わり、「マディーナ（意味は、町）」と略称されることになったからだ。

この憲章は六二二年、マッカから移住したムスリムとマディーナ出身のムスリム、それにマディーナのユダヤ教徒の三者間で結ばれ、四十七条から成る。中でもユダヤ教徒に配慮して彼らの宗教や文化、社会・経済生活、財産を保護することがうたわれている。

その代わりユダヤ教徒は、憲章に違反する戦争と孤立主義を放棄し、マディーナ住民として一つの「共同体」（ウンマ）に参加することが約束させられた。憲章に加わった者が外部から攻撃を受けたときは、一致団結して信仰者の平和のために防衛に努めなければならない。

主な条文を拾い上げると――

「共同体の構成者は、その他の人々からはっきり区別される」

「イスラームの信徒は、困窮者や負債ある者を放置せず、善行を施さねばならない」

「神を畏《おそ》れる者は、不正や背信・敵対・堕落的行為には誰であろうと厳しく立ち向かう」

「信徒は、他の信徒を殺してはならないし、他の信徒に敵対する者を援助してはならない」

「部族間の争いなどで殺されても復讐《ふくしゅう》は許されない。〝血の代償〟は身代金で解決する」

「神の保護には差別はない。信徒たちは互いに保護しあい、協力しあわねばならない」

「ユダヤ教徒には彼らの宗教があり、ムスリムには彼らの宗教がある」

「我々に従うユダヤ教徒には対等の援助が与えられ、その敵に援助が与えられることはない」

「マディーナの盆地では、この憲章の民にとって安全が保障され、不可侵である」

「この憲章の民の間で重大な対立や紛争が生じたときは、神と使徒ムハンマドに裁かれる」

これまでの部族が解消されたわけではないが、出身部族や出身地の違いを超え、イスラームを信奉する個人が重視されることになった。つまり、伝統的な部族や支族という生活単位が新しいイスラーム共同体に吸収され、町全体に広がったのだ。

しかもイスラーム共同体は、宗教的な色合いが薄まり、むしろ極めて政治的な集団であった。こうしてムハンマドは、宗教と政治を込みにした暮らし全般の権威者として崇められることになる。なおもアッラーから授かりつづける「マディーナ啓示」は、宗教・道徳の範囲にとどまらず、広く政治・経済・社会生活すべての規範となった。

10 バドルでマッカ軍を破る

預言者ムハンマドとクライシュ族のムスリムは六二二年、マッカを抜け出してマディーナへの集団引っ越しに成功し、さらに最初のイスラーム国家の設立にもこぎつけた。この歴史的移住はのちに「聖遷《せいせん》」（ヒジュラ）と呼ばれるようになり、この六二二年を「イスラーム暦元年」（ヒジュラ暦元年）と定めた。なお、イスラーム暦は純太陰暦で、一年は太陽暦より十一日ほど短い。

「先祖伝来の多神教をないがしろにしたムハンマドをここまでのさばらせたのは、マッカにいる間にムハンマドを暗殺できなかったせいだ」

と悔しがったのはマッカのクライシュ族の長老たちであった。

「今度こそ、ムハンマドもろとも新しいイスラームの拠点をたたきつぶしてしまえ」

六二四年、「千人の若武者から成るマッカ軍がマディーナを攻める」という情報が届くと、ムハンマドは軍事指導者としてマディーナ防衛軍を組織した。この呼びかけに及び腰の若者もいたが、「せっかく発足したイスラーム共同体を守り抜こう」と意気盛んな精鋭三百人余がムハンマドとともにバドルへ向かい、待ち伏せ作戦をとった。

バドルはマディーナから約百キロ南方にあり、マッカへ通じる隊商路の要衝である。バドルに着くと防衛軍は、まずマッカ軍の進軍路沿いの井戸を埋めてしまった。水も飲めなくなったマッカ軍は、防衛隊が守る井戸を奪取するため攻撃を加えてきた。

アラブの戦いで恒例となっている一騎討ちでは、マッカ軍の名だたる将官がつぎつぎに討ち死にしてしまう。動揺するマッカ軍に対して防衛軍の弓隊が丘の上から矢の雨を降らせ、陣形を組んだ歩兵が突撃したためマッカ兵はうろたえて逃げまどった。マッカ軍の七十人余の戦死者には、かつてムハンマドを迫害しつづけたクライシュ族の頭目らも含まれていた。

数では圧倒的に不利と見られたマディーナ防衛軍がマッカの正規部隊を破ったのである。この奇跡的な勝利で最初の危機を乗り越えたムハンマドは、イスラームの勢威を高め、ムスリムの信仰心をさらに高揚させた。

この戦いでマッカ兵の捕虜を数多く手に入れたが、ムハンマドはアブー・バクルの進言により身代金を取ってマッカに帰らせ、のちに身代金を払えない捕虜もすべて釈放した。これは多神教の信者たちに「一神教の雄大さ」を思い知らせる作戦であったのかも知れない。

ムハンマドに付き従って行動した人々のことを「教友」(サハーバ)と呼ぶが、後世のイスラーム学者たちは「バドルの戦い」の参戦者を「最高級の教友」と格づけした。この勝利は対マッカ関係を有利に導いただけでなく、マディーナでのムハンマドの地位をより強固なものとした。

11 マディーナを守りきる

バドルの戦いで多大な損害を被ったマッカ軍は、報復戦のために急いで陣容の立て直しにかかった。それと並行してマッカのクライシュ族はマディーナに住むユダヤ部族に接近し、イスラーム共同体の内部分裂を画策した。

そして早くも翌六二五年、マッカ軍はムハンマドを討ち取るため、マディーナ郊外のウフド山麓に陣を敷いた。その軍勢は三千に達し、二百騎から成る勇猛なアラブ騎兵隊も含まれていた。それに比べてマディーナ防衛軍は質量ともに格段に劣り、おまけにユダヤ教徒の動向が不安材料であった。

ムハンマドは初め籠城《ろうじょう》作戦を考えたが、町が荒らされるのを避けるため野戦を決意して出陣した。しかし進軍の途中でユダヤ教徒の兵をマディーナに帰らせ、ムスリムだけで軍勢を整えた。すると手元に残った兵力はわずか七百で、馬はたった二頭しかいなかった。それでもムハンマドに付き従う教友ばかりだったので、士気は最高潮に達していた。

マッカ軍の陣地を見下ろす山上に本陣をかまえたマディーナ防衛軍は、マッカ軍の騎兵隊の突撃を阻むために弓隊で固めた。しかもアラブ恒例の一騎打ちを禁止。ムハンマドの思わく通り、弓隊は騎兵の突撃を防ぎ、歩兵同士の乱戦も士気で勝る防衛軍の優勢のうちに進んだ。

しかしマッカ軍の歩兵が壊走しはじめたことから、戦況が一変する。歩兵を追撃しようと弓隊が持ち場を離れたすきに、アラブ騎兵隊の主力が本陣に突撃し、ムハンマドも負傷した。「預言者が死んだ」という噂《うわさ》から始まったムスリムたちの動揺はついに鎮まらなかった。

ウフドの戦いに勝ったマッカ軍は、マディーナを攻略することなく撤退した。ムハンマドが死んだのなら、遅かれ早かれイスラームは勢いを失うはずであった。それにマディーナのユダヤ部族と改めて連携を深めるのにも、町を傷めないほうが得策と考えたのであろう。

この敗戦をきっかけに、ユダヤ教徒たちがムハンマドに反抗するようになった。最初の反乱が起こったとき、ムハンマドは「反乱の首謀者と家族を町から追放する」と裁定したが、財産の持ち出しは許した。しかし別のユダヤ支族がムハンマドの暗殺を企てたときは同じ追放処分でも、マディーナ憲章を守って町に残るユダヤ人に配慮して財産の持ち出しは認めなかった。

マッカ軍はイスラーム勢を壊滅するため、多神教を信奉するアラビア全域に「部族連合軍」への参加を訴え、総兵力一万人をマディーナに集結させた。これに対して防衛軍は籠城作戦を選び、山が切れた町の北側に延長二十キロの塹壕《ざんごう》を掘った。包囲網に加わった部族兵は、やがて戦利品も見込めない長期戦に見切りをつけ、しだいに脱落して故郷に戻っていった。

12 マッカに無血入城

六二七年の「部族連合の戦い」に失敗したマッカ軍とクライシュ族は、アラビア半島の多くの部族の信頼を失い、急速に衰えていった。それにひきかえマッカ住民の間ではムハンマドやイスラームに対する関心が高まり、マディーナの地をあこがれる人が増えた。

ムハンマドは六三〇年、戦闘に参加できそうなマディーナのムスリム二万人を集め、マッカへ向かって行進した。これを迎えるマッカ側は、初め敵対するつもりで騎馬隊を前面に押し立てていたが、威風堂々の行軍に圧倒され、後戻りして敗走するしかなかった。こうして預言者ムハンマドは故郷のマッカへ無血入城したのだった。

マッカの住民は、過去の悪行に対して報復されるのではないかと恐れていたが、ムハンマドは「すべてを恩赦する」と宣言した。全住民は許された喜びの中で入信を申し出て、アッラーとムハンマドに忠誠を誓った。ここでムスリムの若者に「カーバ神殿の全偶像の破壊」が命令され、内部はがらんどう状態に片づけられてしまった。

「いま真実が到来し、闇は消え去った」と、預言者は言った。こうしてマッカでもムスリムへの礼拝の呼び声が響き渡るようになったが、ムハンマドがマッカを追われてから八年の歳月が過ぎていた。

ムハンマドがマッカ征服を果たした翌年の六三一年は、「遣使《けんし》の年」と呼ばれている。イスラーム政権の威信がアラビア半島全域に浸透し、各地の部族から派遣された使節がぞくぞくマディーナを訪れたのだ。こうして部族社会の集合体だったアラビア半島が、マディーナを首都とする一つの国家にまとまることになった。

ムハンマドは六三二年、六十二歳で病死するが、マディーナ移住後の十年間は多神教を奉じる部族との戦いに明け暮れた。その数は大小合わせて約七十回に上り、そのうち二十七回はムハンマド自身が参戦して指揮をとった。

ムハンマドが受けた最後の啓示は、クルアーン五章「食卓」にある次の言葉とされている。

「きょう、われ（主）は汝らのために、汝らの宗教イスラームを完成させた。すでに汝らのために、わが恩恵を注ぎ尽くした」

これで預言者の時代は終わったが、イスラーム共同体の指導者の役を引き継いだのはマッカ期以来の教友アブー・バクルであった。彼はムハンマド亡きあとの生き方をこう説いた。

「イスラームとは、クルアーンとムハンマドの教えに従うことである」

このようにしてムハンマドの教えは、末長く生きつづけることになる。

13

神に頼んで社会を正す

クルアーン六十章「試問される女」に、こんな言葉が並んでいる。

「アッラーのほかに何も拝みません。盗みをしません。姦通《かんつう》しません。わが子を殺したりしません。でっち上げの嘘を広めたりしません。正しいお言いつけならば、決して預言者ムハンマドには背きません」

ここに「子どもを殺すな」という教えが含まれているのは、当時のアラビアでは男性を貴び、女児が生まれると生き埋めにする風習があったからだ。イスラームはこれを「悪習」として痛烈に批判したのである。実はイスラームの最大の目的は、道徳や社会正義の重視にあった。

ムスリムの義務である五行の一つ「定めの喜捨」も、財産に応じて寄付を集め、寡婦や孤児、病人といった困窮者に分配するのが眼目である。また「利子の禁止」は、暮らしに困って借金しているのに、おまけに利子を取られれば苦しみが倍加するではないかと訴える。いずれも国家成立以前の部族社会には、欠かすことのできない社会福祉制度であった。

イスラームは、それ以前の多神教時代を「無明《むみょう》時代」（ジャーヒリーヤ）と呼んで、旧来の悪習をつぎつぎ廃止しようとした。「妻は四人まで持てる」というルールも、アラビアでは強者が好き勝手に増やしていた妻の数を制限するためだったとされる。

クルアーン四章「婦人」の次の言葉は、ウフドで敗戦したあとの啓示による。

「汝らがすべての孤児たちを公正に扱えないなら、気に入った女を二人、三人または四人と結婚してよい。しかし妻が多すぎて公平を欠くようなら、一人だけにしておけ」

相次ぐ戦いによって勇敢な教友が数多く戦死し、寡婦や孤児がどっと増えた。そんな女性や子どもを救うには、どうしても力量のある男性が必要だったのである。こんな場合でも、女性の親元には結納金（譲渡金）をきちんと支払うこと、連れ子の財産はきちんと保管し、独り立ちしていくときはすべてを持たせることなど条件がつけられた。

ムハンマド自身も、マディーナに移住してからは多くの妻を持った。ほとんどが寡婦か離婚者で、最も多いときは同時に九人もいた。妻たちの権利は平等だから、ムハンマドはマディーナのモスクの周りに建てた彼女らの住居を公平に一日ずつ移動して暮らした。

人のなした行為は、たとえ人の目をごまかすことができても、全知全能の神にはすべてを知られている。啓示に対する「信・不信」が問われ、最後の審判の日、神によって不正・不信と裁定された者は、地獄へ落とされてしまう。人々に正義を行わせるには、世界を創造したアッラーに手厳しい審判をお願いするしか方法がなかったのである。

14 領土を広げたカリフたち

イスラーム共同体を指導する役目を引き継いだアブー・バクル（五七三〜六三四）は自らを「カリフ」と呼んだ。「ムハンマドの代理人」を意味する造語である。ただし預言者の後継者ではあっても、ムハンマドと違って啓示を受けることはできない。しかし彼は病死するまでの二年間、説教や制圧戦によって分裂の危機にさらされたイスラーム共同体の立て直しに尽力した。

ムハンマドの晩年、イスラームの教えによってアラビア半島はほぼ統一されていた。しかし彼が死ぬと、あちこちの部族がマディーナ政権にたてつくようになる。要するに、「定めの喜捨（ザカー）」の納入を拒否したのだ。彼らは、こう言い張った。

「イスラームに加わったのは、預言者ムハンマドとの契約であった。契約の相手がいなくなれば契約が解消されるのは当然のことだ」

長く続いてきた部族社会の論理が、再び頭をもたげてきたのである。アブー・バクルは初代カリフとして各部族長らに懇切に説明した。

「イスラームは原理の受容から始まります。それを私たちは毎回の信仰告白で確認するのです」

「信仰告白は〝アッラーのほかに神なし〟と〝ムハンマドは神の使徒なり〟がセットになっていますね。この第一原理と第二原理は、どんな時代になっても変わることはありません」

「つまり、〝ムハンマドは神の使徒なり〟はムハンマド個人に服従する約束ではないのです」

「要するに〝定めの喜捨〟はムハンマド個人の取り分ではなく〝神の権利〟であり、永遠です」

こうして部族の反乱はだんだん収まり、その後のカリフたちによってイスラーム共同体のルールや社会生活の諸規則が確立されていった。アブー・バクルに続くカリフの二代目ウマル、三代目ウスマーン、四代目アリーまでは、すべてマッカ期からの教友であり、正当な手続きと共同体の承認を得て選ばれたので「正統カリフ時代」と呼ばれる。

この四人ともそれぞれ、預言者ムハンマドに遠く及ばないことをわきまえていた。だから、金曜日にモスクで行われる全信徒の集合礼拝では、ムハンマドが立った三段の説教壇のてっぺんには上らず、一段下で導師を務めた。また前例のない事態に遭遇したときは、教友たちを集めて相談のうえで妥当な解決策を見つけていった。

二代目ウマルの治世（六三四～四四）にイスラーム軍は、コンスタンチノープルを首都とするビザンツ軍に勝ってシリアを支配下に収め、エルサレム、エジプト、さらにササン朝のペルシャを征服してイスラーム国家の領土を急速に広げた（地図⑥参照）。しかしウマルはペルシャ人の奴隷に、三代目のウスマーンと四代目のアリーは不満をもつ部下らにそれぞれ暗殺された。

15 ハディースを補う法学

――イエメンの人々がイスラームに入信したとき、晩年のムハンマドは教友マアーズを指導者・裁判官として派遣することにした。出発に当たって預言者はマアーズに尋ねた。

「イエメンでは、どのように裁定するつもりかね」

「はい、クルアーンに従って裁定を行います」

「もしもクルアーンに規定されていない場合は？」

「預言者から教わったことを参考にいたします」

「では、私が教えていない案件に出くわしたときは？」

「はい、なんとか知恵を絞って自分で判断します」

この一連の答えにムハンマドは満足して、大きくうなずいた。――

右のようなムハンマドに関する逸話は「ハディース」（預言者言行録）としてきめ細かく書き残されている。でっち上げやダブりなどを除いた真正ハディースだけでも一万話近くあるといわれ、いずれもクルアーンの実践細則として欠かせないものとなっている。

教友やその子どもたちなどムハンマドに近しい伝承者がいなくなったころ、真正ハディースか偽造ハディースかを検証するハディース学者（ムハッディス）が登場する。その草分けのマーリクは、真正ハディースを集めて『先人たちの道』（ムワッター）というハディース集を編修した。

さらにハディース学者の最高峰とされるブハーリーは、十六年にわたって諸国をめぐり六十万以上のハディースを収集した。そのうち「真正」あるいは「良好」と確信できる約七千三百話を『真正集』にまとめ上げたが、これがクルアーンに次いで重視されるようになった。

しかし時代の変遷やイスラーム国家の広がりに伴って、クルアーンとハディースだけでは裁定の難しい案件が増えてくる。そこで重要な役目を負うのがイスラーム法学者であり、司法や行政、さらに立法の分野でも活躍を始めた。

クルアーンは「ぶどう酒（ハムル）に近づくな」と命じているが、ぶどう以外を原料にした酒類はどう扱うべきか。これに対して法学者は、まず「類推」によって解決を図る。「ぶどう酒は酩酊作用によって礼拝を忘れさせる。ゆえに酩酊を起こす酒類はすべて禁じる」

ほかに「ぶどう酒は酩酊作用をもつものの例示に過ぎない」という解釈もあった。こうした学派間の論争によってイスラーム法は整備されてきた。コーヒーが普及しはじめたとき、多くの法学者は「ムスリムには許されない飲料である」と結論づけたが、一般信徒はコーヒー文化を発達させてしまった。この場合はイスラーム共同体の合意（イジュマー）が優先されたわけだ。

16 誇り高き法学者たち

マディーナを中心とする法学者グループは、ウマル（二代目カリフ）の息子アブドッラーに始まり、「典拠重視派」と呼ばれた。彼の弟子たちは〝マディーナの七法学者〟として有名で、その一人がハディース集『先人たちの道』を編修したマーリクである。そんな流れから、自分たちの判断はできるだけ排除し、ハディースに基づいて案件を処理しようと努めた。

一方、イスラーム軍が征服したばかりのメソポタミアのクーファ（現イラク領）に派遣された法学者イブン・マスウードは、自ら知恵を絞って判断する「判断重視派」を興し、「類推」の手法などを工夫した。初め「イラク学派」と呼ばれたが、彼の孫弟子にアブー・ハニーファ（六九九～七六七）という優秀な法学者が現れてからは「ハナフィー学派」の名で有名になった。

新領土のイラク地方で「判断重視」に傾いたのは、政治的分派が勢力を伸ばそうと暗躍し、自派に都合のよいハディースを偽造しはじめたからだ。いい加減なハディースを裁定に使うと、とんでもないことになる。どうしても理詰めによる説得法の開発が不可欠であった。

結局、マーリクの弟子シャーフィイー（七六七～八二〇）が典拠と判断の両方を重視してイスラーム法学の基礎を打ち立て、さらに彼の弟子イブン・ハンバル（七八〇〜八五五）が師の理論を前進させせた。イスラーム世界の九割を占めるスンナ（スンニ）派では、今もって「マーリク」「ハナフィー」「シャーフィイー」「ハンバル」という四学派がイスラーム法学を担っている。

もともと〝法の番人〟である法学者は、国家に任命されたのではない。みんな自らの信仰の務めを果たすために私人としてクルアーンやハディースを研究してきただけなのだ。

ハナフィー学派の祖となったアブー・ハニーファの職業は、絹を扱う商人であった。バグダッドを首都として西アジアを支配したアッバース朝（イスラーム帝国）から「裁判官になってほしい」と頼まれたときも、「官職でない立場で協力させていただく」と断ったため獄死に追い込まれた。

預言者やカリフを継ぐ知者は、自由な立場でイスラーム共同体を支えたかったのだ。イスラーム帝国の最高支配者はカリフだが、その政治姿勢を正すのも法学者の任務であった。

「神はあなたに統治をお任せになった。統治は人々のためにある」

「自分の欲望や怒りに従って統治を行ってはならない」

「神を畏れ、身近にいる者も遠くにいて見知らぬ者も平等に扱え」

「正しい法を確立し、先行者たちの正しい慣行を再生させねばならない」

「終末の日に最も幸せな者は、現世で人々を幸せにした統治者である」

これらの個条は、現代のイスラーム国家の統治者にも期待されているのである。

17 哲学にあわてた神学者

キリスト教ではイエスの「神の子」問題や「神の存在証明」に神学者が頭を搾ったが、イスラームの神学は古代オリエント文明やギリシャ哲学を吸収する過程で登場した。どんな宗教も理詰めで掘り下げようとすれば、自然な流れとして哲学にはまっていくが、イスラームでは八世紀に始まったムータジラ派の神学がほぼ二世紀にわたって優位に立った。

ムータジラ派神学者は、まずクルアーンの〝神は正義である〟という言葉から議論を始めた。

「神は正義であるから、不義なことは決してなさらない」

「そうすると、神が人間の悪行を創造し、その責任を取らせたりするはずはありませんね」

「だから、それぞれの行為は人間が自分で作り出していることになる」

「こうした解釈は、〝神が全能である〟という原則と矛盾するのではないですか」

「そんなことはない。ただ全能の神が、無力な人間に力を付与するのだ」

「すると、人間は付与された範囲内の力で、自分の行為を創造しているわけですね」

「自分が作り出す行為であれば、その結果には責任を持つ必要がある」

「その責任を問われて地獄行きと裁定されても、やむを得ないのですね」

このような議論は、六信のうちの〝定命〟という根本教義をまともに揺さぶるものである。定命とは〝定められた運命〟のことで、「全能の神が各人の運命をすべて握っている」ことを信じるようにクルアーンが要請しているからだ。「ある範囲内」とはいえ「人間が自分の行為を創造する」などと考えるのは、不届き千万なことではないのか。

ところがこのムータジラ派の神学が、ギリシャ文化の吸収に熱心であったアッバース朝第七代カリフのマームーン（在位八一三～八三三）によって公式神学として採用されたのだ。その結果、ムータジラ派に抵抗した法学者たちも弾圧され、ハンバル学派の祖イブン・ハンバルらも投獄の憂き目を味わった。

キリスト教とは違ってイスラームの歴史には〝異端審問〟はほとんど登場しないが、このときばかりは別で、反対派を裁くための特別裁判所が設けられた。そんな状況では敬虔なムスリムたちも法学者も他派の神学者も、口をつぐむしかない。そんな重苦しい状況を打ち破ったのは、ムータジラ派に属していた神学者アシュアリー（八七三～九三五）であった。

「合理的な解釈は大切だが、理屈で説明できないこともある。イスラームの根幹はクルアーンとハディースに沿うことであり、それに逆らって神学独自の世界を創造することではない。とにかく理屈をこねくり回すことはイスラーム的感覚から外れている」

18

合理主義から一歩後退

論理的な思考を進めるムータジラ派の神学から足を洗う前、アシュアリーは仲間の神学者たちとどんな議論を交わしていたのだろうか。そんな場面を想像してみよう。まず一人の同僚を呼び止めて、アシュアリーが口火を切る。

「ハディースに『信徒は来世において神を見る』と記録されているが、君はどう思うかね」

「神は形を持たない存在ですから、誰にも神を見ることはできません」

「しかしハディースに『見る』と書かれている以上、『見る』でよいのではないか」

「いまあなたがぼくを見ているように、神も見えると考えるのですか」

「それは不可視世界のことだから、『見る』ことの意味は現世とは異なるだろう」

「やはり、あなたがぼくを見ているようには見えないのでしょう?」

「見え方がどう異なるかは人智を超えるが、それを問いつめる必要もあるまい」

「そこを理詰めで掘り下げていくのが、われわれムータジラ派の神学ではないのですか」

「いや、神学の役目はクルアーンやハディースの擁護に徹すべきだと思うが……」

ちょうど正統派の四大法学派が出そろったころ、のちに正統派と認められるアシュアリー神学が生まれ、開祖アシュアリーは帝都バグダッドで活躍した。なお、ムータジラ派の「神の正義」論（182ページ参照）についても、以下のような見解を述べている。

「神は正義である。しかし現世において何が正義であるかは、神がお決めになることであって、神学者が議論するのは差し出がましい」

「『神が正義である』と言うならば、『神がなさることはすべて正義である』と信じるのが信仰者の立場というものだ」

「『人間が自分の行為を作り出す』という考えは、神が全能であることを否定している。『神がお望みのまま、すべてを創造する』というクルアーンを受け入れなければならない」

実は、「神に与えられた運命」と「人間の自由意志」の関係は、すでにキリスト教神学でも長きにわたって議論されており、もう理屈だけで解決できる問題ではない。しかしアシュアリー神学はイスラームの教義をすべて認める前提として「運命の獲得論」という概念を考え出した。

「人間は毎日、主体的選択を繰り返すことによって生きているが、その自由選択こそ、神が決定ずみの自分の運命を〝獲得〟していることなのだ」

どの神学者も持て余すほど分かりにくい論理ではあるが、クルアーンの教えと整合する神学として、今もスンナ派に正統と認められている。

19 偉大な学者が神秘家に

理性的なギリシャ哲学を重んじたムータジラ派神学から転向するとき、四十歳のアシュアリーは二週間ほど人前から姿をくらましたという。そしてある日突如として礼拝堂に現れて説教壇に立ち、その間の事情をこう説明した。

「これまでの信念が急にぐらつき、私はここしばらく理性と信仰の間をさまよっていた。私は長い間まったくイスラームを信じていなかったことに気づいた」

「しかし幸いにも神のお導きにより、神に身を任せようと思いなおした。これまでの古い外被を潔く脱ぎ捨てて、真のイスラームの信仰に戻りたい」

「神の言葉であるクルアーンとムハンマドが語ったハディースは真実であり、そのまま受け入れねばならぬ。信仰とは言葉と行為の両方を含み、さらにイスラームは信仰より広い」

こうしてアシュアリーは信仰に沿った神学の構築に尽力したが、さらに十一世紀半ばに登場したガザーリー（一〇五八～一一一一）は神学者、法学者としても活躍した。この大学者は『神学綱要』とか『イスラーム諸学の再生』など多くの書物を著し、「宗教としてのイスラームを分裂の危機から救った」とスンナ派から高く評価された。

ガザーリーはさらにギリシャ哲学を学び、アリストテレスの論理学にも精通していた。そして古代ギリシャの哲学者たちの思想を紹介する『哲学者の意図』を書いたが、そのラテン語訳『アラビア人ガザーリーの論理学と哲学』はヨーロッパで長く哲学入門書として利用された。このころはヨーロッパよりアラビアのほうが、何かにつけて先進的だったのである。

当時はアラビアの各都市にはイスラーム学者や国家公務員を養成する王朝立のニザーミーヤ学院が開かれていて、ガザーリーは三十三歳のとき、その中枢をなす首都バグダッドの学院で教授職に選任された。ところがイスラーム諸学に通じたはずのガザーリーは数年後、この格式高い身分を投げ出して放浪の旅に出てしまう。

「神学を究めても、神を知ることはできなかった。神学や哲学は論理的検証の学問だが、その前提として疑念（懐疑）がある。疑念で信仰そのものが揺らいでいれば、学問によって救われるはずがない。神学は神を求める道ではなかったのだ」

こんな結論に達したガザーリーは十年余りアラビア半島をさまよい、各地のモスクなどで瞑想にふけった。さらにマッカやマディーナを訪ねムハンマドの時代を偲《しの》んだあと再び学院に戻って教職に就いたが、もう立身出世など世俗的生活から完全に目覚めていた。そして神秘家（スーフィー、193ページ参照）として信仰に励み、倫理的に充実した五十三年の生涯を閉じたという。

20 宗教に寄り添う政治

クルアーンは、創造主である唯一神アッラーの偉大さを説くだけでなく、信徒の具体的な信仰行為、さらには日常生活のルールや国家のあり方まで詳しく示している。

つまり、喜捨に始まり、同胞愛、相互扶助、食生活、結婚・離婚、遺産相続、所有権、子どもの養育、親と子の権利、孤児の保護、富の分配、公正な取引、利子・賭博・内乱の禁止、裁判・訴訟、刑法・刑罰、聖戦（ジハード）、国家の統治にまで及ぶ。まさにイスラームは広くて大きく、単なる宗教を超えて「イスラーム法」（シャリーア）を含んでいるのである。

イスラーム法は六二二年、ムハンマドがマディーナに移住し、部族間の紛争を調停する過程で徐々に整備された。ここで授かった啓示に基づくクルアーンが中心になっているが、さらにムハンマドの具体的な指示をまとめたハディース（言行録）によって補強され、新設される国家の法律になっていったのである。

最初のイスラーム国家マディーナを拠点に、ムハンマドはアラビア半島の多神教地帯に唯一神教イスラームを広めるという「神の道のための努力」（ジハード）を続けた。さらに彼の死後わずか十年でイスラーム軍はビザンツ帝国からシリアを奪い取り、エルサレム、エジプト、さらにササン朝のペルシャを征服してイスラーム国家を拡大した。

そしてカリフ三代目のウスマーンの治世には、北アフリカのリビアまでがイスラーム領に組込まれる。またシリアのダマスカスを首都とするウマイヤ朝（六六一〜七五〇）は東方のカブール（今のアフガニスタン）や西方のイベリア半島（今のスペイン）を占領した。そしてアッバース朝（七五〇〜一二五八）は唐の軍勢を破って中央アジアを手中に収めた（地図⑥参照）。

ムハンマドの死後は、クルアーンとハディースを基にして法学者たちが議論を重ね、地域の事情や時代の変遷にも対応できるイスラーム法を築いていった。つまり、イスラームでは宗教と政治（国家）が一体となっていたので、大征服で広げた新領土でも宗教としてのイスラームを浸透させれば、同時に統治につながったわけである。

やがてアッバース朝（東カリフ国）の首都バグダッドにはイスラーム文化が全開し、三万のモスクと一万の公衆浴場があったと推定されている。ムスリムの信仰生活で最も重要な毎日五回の礼拝に先立ち、公衆浴場で身を清めたのである。世界唯一の百万都市も、イスラーム法で見事に治まり、ローマ法のような市民法や万民法を必要としなかった。

やがて十三世紀、モンゴル軍に侵略されてバグダッドなどイスラーム都市が破壊され、モンゴル系の王朝が成立したあとも、イスラームの文化・社会システムはしぶとく生き続けた。

21
非難される一夫多妻

世界の多くの国々とは異なり、イスラーム法では「一夫多妻」が認められ、男性は四人までの女性をめとることができる。しかし今のイスラーム国家がみんなこの制度を採用しているわけではない。イスラーム法で国を治めるサウジアラビアやイランなどでは一夫多妻が合法でも、九十年ほど前に誕生したトルコ共和国ではイスラーム法とは別の法律によって違法となる。

一夫多妻制に対しては、キリスト教の道徳に従って「一夫一妻制」を採用している欧米の国々から「イスラームは女性差別の宗教だ」と非難されることが多い。確かに、その逆の一妻多夫制が認められていなければ、女性差別かも知れない。しかしクルアーンに基づくルールであるから、軽々とイスラーム法から除くわけにもいかないのだ。

ムハンマドがマディーナ国家を築くための連戦によって勇敢な男性が数多く戦死し、寡婦や孤児が町にあふれた。シングルマザーを増やさずに子どもを救うため、資産にゆとりのある男性に期待がかけられたのだ。もちろん、女性の親元にはきちんと結納金を支払い、連れ子が独り立ちできるまで面倒を見なければならない（175ページ参照）。

石油産出で潤う現代のサウジアラビアやイランでも、そんなに裕福な男性が多いわけはなく、大半が一夫一妻にとどまっているといわれる。複数の妻を平等・公正に扱うという条件がつけられているので、不満を持つ妻に訴えられれば裁判にもなりかねない。また多くの男性が複数の女性を妻にすれば、結婚できない男性が増えて社会不安を引き起こす恐れさえある。

一夫多妻制を非難されたとき、ムスリム側にも言い分はある。

「君たちキリスト教徒は、国の法律で一夫一妻制を受け入れていながら、男にも女にも不倫が横行しているではないか。守られない法律に、どんな意味があるのだ」

「不倫関係で生まれた子どもには何の罪もないのに、差別的な境遇に陥ることが多いという。それでもキリスト教社会は公正と言えるのか」

「そんな不幸な子どもを増やさないように、イスラームはクルアーンに従って早くから男性それぞれに責任を負わせてきたのだ」

現在、ムスリムが大勢住んでいる国でも、法体系がイスラーム法に準拠する程度はさまざまである。はっきりと「世俗国家」をうたっているトルコでは、信仰以外の暮らしは西欧式に近い憲法や法律で仕切られ、飲酒や賭《か》け事、競馬や宝くじなども行われている。

他の多くのイスラーム国家の法律は、伝統重視のサウジアラビアと進取に熱心なトルコの中間にあり、イスラーム法をどれだけ多く残しておくかはお国柄しだいである。

22
容赦できない偶像崇拝

ムスリムが一生に一度はかなえたいという巡礼は、ムハンマドが誕生し最初の啓示を受けたマッカ（今のサウジアラビア領内）への旅である。マッカの中心には一辺が十〜十五メートルの立方体に近いカーバ神殿があるが、中は完全ながらんどうで何も祭られていない。しかし毎年の巡礼月（第十二月）には世界中からムスリムが押しかけ、反時計回りに歩いて七周する。

イスラームは、聖書の『出エジプト記』で律法を授かるモーセや、新約聖書で福音を説くイエスをムハンマドの〝先輩預言者〟として尊ぶが、キリスト教のイエス像やマリア像、聖人画などのイコン、聖人の聖遺物などは「聖書に違反する偶像」としていっさい認めない。ムスリムたちは「同じアブラハムの宗教を継いだのに堕落してしまった」と嘆くのだ。

イスラームの宗教美術には、具象的な絵画はまったく登場しない。モスクの装飾に美しい色タイルが用いられることはあっても、その模様は抽象的なものに限られる。タイル以外の装飾物といえば、クルアーンの言葉を書き写したアラビア文字の「書」ぐらいである。

偶像の禁止を徹底すれば、神に対する親近感が薄れていく。それを補う形で登場したのが神秘主義（スーフィズム）で、神秘家（スーフィー）たちは瞑想などによって神との合一をめざした。しかし神秘主義が発展するにつれて「神の絶対性を脅かす」と批判され、異端的行為として禁止されれ迫害されるようにもなった。何でも厳密さを追求すれば、ジレンマにぶつかるものだ。

やがてイスラームでも神秘家が聖人として称えられ、キリスト教の聖人と同じように墓所が礼拝の対象にもなる。実は、中央アジアや東南アジアなどへのイスラーム拡大は、軍事的侵略によらず神秘家の聖人や商人たちの平和的な奮闘努力（ジハード）が実を結んだものとされている。

中東地域にはイスラームのほか、ユダヤ教やキリスト教が入り組んで分布しているが、信徒たちが絶えず反発しあっているわけではない。もともとイスラエルやレバノン、シリア、トルコはキリスト教が産声をあげた地域であり、ユダヤ人のほうはもっと古くから故国を離れて各地に住み着いていた。だからバザール（街頭市場）では、今もお互いに土産品を並べあったりするのだ。

こうした三宗教の共生を乱して中東に混乱をもたらしたのは、中世ヨーロッパのキリスト教会による十字軍遠征であった。ムスリムに占有されていたエルサレムは、ほぼ百年にわたって攻防の対象となり、地中海北岸の都市も荒れ果てた。

中東地域は十三世紀半ばにモンゴル軍の来襲を受けたが、現代にも大きな傷跡を残しているのは十九世紀以降のイギリスやフランスによる中東分割計画と、第二次世界大戦後の欧米による中東干渉であった。大国が勝手な企みを繰り返す限り、一神教の古里に平和は来ない。

23 イラクがイランと戦う

イスラームとキリスト教という宗教間の対立だけでなく、イスラーム圏内の国同士がいさかいを起こす場合もある。中でも激しかった「イラン・イラク戦争」は一九八〇年から八年がかりで、両軍合わせて百万人の死者を出し、経済的被害も甚大であった。

この戦争は、一九七九年に起こったイラン国内の「イスラーム革命」に端を発するが、この民衆革命は伝統的なイスラームへ回帰するきっかけを作った。東西冷戦の時代、ソ連にもアメリカにも頼らず自立を確保するには、イスラーム体制を復活させるより道はなかったのだ。

亡命先のパリから帰国したシーア派の法学者ホメイニー（一九〇二～八九）を指導者としてイラン革命が勃発すると、欧米などの支援で「イスラーム体制から脱皮して世俗化・民主化による近代化を達成する」という政策を進めてきたパフラビー朝は崩壊して、「イラン・イスラーム共和国」が成立した。昔ながらの「法学者による統治」の復活である。

そのころ隣国イラクではサッダーム・フセインが政権を掌握し、独裁体制を確立して軍備を強化中であった。イランとは長年、イラク南部の石油積み出し港バスラを中心に国境紛争が続いており、おまけにイラク国内のシーア派が勢いづいてフセイン政権にたてつく恐れもあった。

イラクは「民衆革命の混乱でイランの軍事系統にも乱れが出ているはず」と読んで、イラン侵攻に踏み切った。まずイラン十カ所の空軍基地を爆撃したが、破壊を免れた戦闘機が制空権を回復してイラクの石油施設やバクダッドなどを爆撃し、イラン海軍はバスラを攻撃した。

東西諸国の制裁によりイランの物資や兵器の補給が滞り、イラン民衆二十万以上が義勇兵として戦線に加わった。イラク軍は欧米やソ連などから手厚い支援を受けたが、形勢逆転に導いたのはイスラエルであった。イスラエル空軍機はイラク領に侵入し、フランスの技術で建設中の原子力発電所を破壊したため、イラクは西側の防空も強化しなければならなくなったのだ。

さらにイスラーム体制を重視するシリアとリビアもイランに味方した。一九八二年、シリア経由のパイプラインが止められるとイラクの石油輸出に支障を来し、戦況がイランに有利に傾きはじめる。やがてイランは占領されていた領土をほぼ奪還し、イラク国内への攻勢に出た。結局、イランとイラクは国連安保理の決議を受諾して、八年ぶりの停戦となった。

革命当時、ホメイニー師の指示で女性だけの革命防衛隊が組織されたが、それ以降も女子教育には力を入れ、辺境地を含めて就学率の上昇と高学歴化が進んでいる。公立大学への進学に必要な統一試験も、女子の合格率が年々上昇中だ。人文、基礎科学、芸術の専攻科とも女性優位となり、医学部では七〇％以上が女子学生に占められているという。

24 ムスリムの明け暮れ

敬虔なイスラーム信徒は朝が早い。礼拝（サラート）の最初は日の出前で、清めなどの準備に一時間ほどかかるからだ。日の出前の礼拝（ファジュル）に次いで正午過ぎ（ズフル）、さらに遅い午後（アスル）、日没後（マグリブ）と続き、最後は就寝前（イシャー）で、いつもカーバ神殿のあるマッカの方角（キブラ）に向かって一定の形式で礼拝する。

礼拝は家庭などでめいめいが行っても良いが、イスラームの祝日である金曜日は五回の礼拝のうち少なくとも一回は、モスクに集まって行うことが奨励される。以前は礼拝の時間を知らせる呼び声（アザーン）は、モスクに併設した尖塔（ミナレット）の上から発していたが、今はスピーカーで町中に響き渡る。だから日の出前のアザーンは、暗闇を突き破ることになる。

礼拝に先立って水場へ行き、定められた言葉を唱えながら、流れ出る水で体を清める。

まず両手を手首まで三回洗い、右手に水を受けて三回口をすすぎ、鼻孔に三回水を吸い込んですすぎ、顔を額からあごまで、また両耳まで三回洗う。そして右腕、左腕の順番にひじまで三回洗い、ぬれた両手で頭を前から後になで下ろし、両耳の穴と外側をぬぐう。最後に右足から順に水を注ぎながら、くるぶしと指の間まで三回よく洗う。

こんなに清めても、睡眠・放屁・尿便・嘔吐・出血・失神・性行為があった場合は、再びやり直さなければ礼拝は無効となる。

礼拝の手順もきちんと決まっている。マッカに向かって両足を軽く開いて直立し、左右の手のひらを前に向け、親指が両耳に平行になるまで上げてアッラーへの服従を表明する。それから両手を下ろして左手をヘソの上に当て、右手の親指と小指で左手首をつかむ（起立姿勢）。

それから背中や膝を曲げずに腰を直角に折ってお辞儀をし、両手の指を広げて両膝をつかむ。次にひざまずいて両膝・両足、さらに両手のひら・額・鼻を床につける。それから上体だけを起こして座位に戻り、さらに手のひらや額を床につける……。

礼拝の間、決められた姿勢の節目、節目で「アッラーは偉大なり」（アッラーフ・アクバル）と唱え、さらにクルアーンなどを何節か暗唱する。こうした礼拝を二度、三度と繰り返すのだ。けっこう時間がかかり、立ったり座ったりで忙しい。

最後に、ひざまずいたまま軽くうつむいて、アッラーとムハンマドを称え、ムスリム自身への神の祝福を祈る。それから首を左右に回しながら仲間たちに「アッサラーム・アライクム」（あなた方の上に平安がありますように）と唱えて礼拝を終了する。このとき両手は膝の上に置かれているが、右手の人差し指だけは伸ばしたまま。これは「神は唯一」という印なのである。

25 弱い者をいじめるな

フランスの公立学校では二〇〇四年、イスラームの女性信徒に千年以上も義務づけられてきた外出時用のスカーフ姿が全面的に禁止された。「郷《ごう》に入《い》れば郷に従え」ということなのだろうが、敬虔なムスリムたちには承服できるはずもない。何しろクルアーン二十四章「光」の中で次のように規定されているからだ。

「慎みぶかく目を下げよ。表に出ている部分はやむを得ないが、そのほかの美しいところは人には見せぬように。胸には覆いをかぶせるように。親しい身内以外には決して身の飾りさえ気づかれぬように。そうすれば必ずや、行く末に幸せも見えてこよう」

イスラーム社会では伝統的に、女性の頭髪は「身の飾り」と解釈されるのだ。「性的魅力をもつものを人目にさらすと、思わぬ間違いを招きかねない」と恐れて、親や兄たちは年ごろを迎えた娘や妹に、また夫は嫉妬心からも妻にスカーフやベールをかぶらせてきた。そういえばカトリックの修道女たちも、人に髪を見せないように気を配っている。

こうした習俗に対して西欧では、「男性の抑圧により女性の自由が奪われている」という批判が強い。しかしイスラームの国でも近年、スカーフやベールをつけない人が増えてきた。頭髪に羞恥心《しゅうちしん》を感じない女性は、ミニスカートやジーパン姿にも自信ありげだ。

ムスリムの男性は、ことのほか〝弱いものいじめ〟に神経をとがらせる。女性や子どもや高齢者が痛めつけられると、看過できないのである。アメリカ軍がイラクやアフガニスタンを攻撃した場合も、無差別攻撃や誤爆などで罪もない非戦闘員が傷つけられたり家を焼かれたり、まして殺されたりすると、非難の声が巻き起こって反感を買うのは当然である。

第二次大戦後から地中海東岸一帯に持ち上がったパレスチナ問題でも、宗教色のないパレスチナ解放機構（PLO）への期待が裏切られた結果、やむなくイスラーム組織のハマースやヒズボラが成長した。前者はスンナ派の、後者はシーア派のイスラーム原理主義組織だ。いずれもイスラエル軍の爆撃で泣く地域住民を見過ごせなかったのである。

アメリカやイスラエルの攻撃でイスラームの弱者に理不尽な死が襲いかかる限り、ムスリムたちは安心できない。イスラームの価値観や生活習慣を「古すぎる」と一蹴するのは簡単だが、それぞれの地域や民族に適した生き方があることを認めなければ、世界平和はほど遠い。

ユダヤ教、キリスト教、イスラームという唯一神教〝兄弟〟は、もともと報復精神が旺盛である。それだけに最も強い者が手加減の度量を発揮しなければ、報復合戦は永遠に収まるまい。地球環境について言われる「多様性」こそ、国際社会にも欠かせないのではないだろうか。

⑦ 仏教の主な伝承ルート

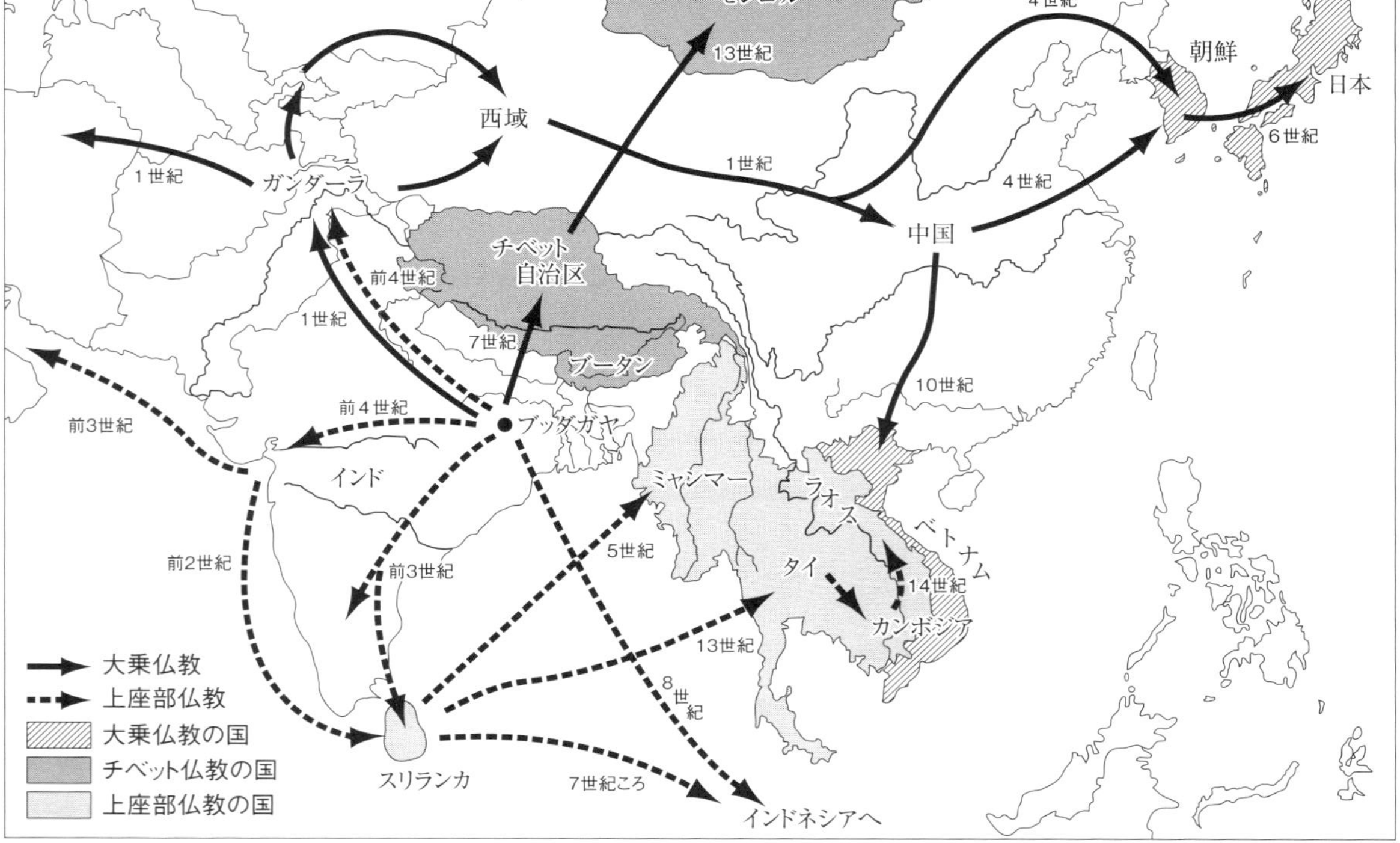

第4章　仏　教

一神教を見極める視点に

1 仏教に恐れ入った西欧人

ヨーロッパでは十八世紀まで、宗教といえばキリスト教のほかにはユダヤ教とイスラームぐらいしか知られておらず、他の世界のものは〝雑多な異教〟と見なされていた。ところが知識人の多くがキリスト教に疑問や矛盾を感じはじめた十九世紀、ヨーロッパ人の東洋学者の精力的な研究により、かつてインドで「高度な理性的宗教」が栄えていたことが明らかにされた。

それは一神教の聖書などには及びもつかない深遠で哲学的な宗教「ブッディズム」（仏教）であった。しかもそのスタートはキリスト教より五世紀も早い。おまけにその教説はヨーロッパの諸言語と同じく「インドヨーロッパ語族」に属するサンスクリット語やパーリ語で書かれ語られていたので、ヨーロッパ知識人の民族意識をくすぐった。

ドイツのノーベル賞作家ヘルマン・ヘッセ（一八七七〜一九六二）が宣教師の息子でありながら、仏教の創始者ゴータマブッダ（釈迦）の幼名を書名にした『シッダールタ』を一九二二年に発表したのも、ヨーロッパ人の感動ぶりの表れに違いない。この小説には東洋の修行者の姿や、ゴータマブッダが悟りに至るまでの苦行なども詳しく書き込まれている。

ここで、インド語系列とヨーロッパ語系列の言語が奥底でつながっている証拠を一つ。

古代インド語（サンスクリット語）には、「アミターユス」とか「アミターバ」という言葉があった。アミターユスは「いつまでも続く時間」、アミターバは「どこまでも広がる空間」を意味していた。この二語の共通部分である「アミタ」は、「人知では計り知れないほど大きい」を意味する形容詞なのである。

この「アミタ」というインド語が中国に入ったとき、そのまま発音できるようにと、漢字で「阿弥陀」と書き表し、そんな中国語訳の仏典を入手して勉強した日本の仏教僧は「アミダ」と濁って読み習わしてきたのだ。要するに「アミダ」は、現代日本語に訳せば「限りがない、無限に大きい」であり、数学の記号で表せば「∞」（無限大）となる。

ところで、「無限小」と考えられていたものに「アトム」（原子）がある。こちらはヨーロッパ語系列のギリシャ語で、「トム」（分割する）を否定の接頭語「ア」で否定して、「それ以上分割できないもの」を意味する。これとまったく同じように「アミタ」のほうも、「ミタ」（有限な）を「ア」で否定して、「無限な」を表すことになったらしい。

またインド語の「ヨーガ」はもともと「つなぐ」を意味するが、英語の「ヨーク」も二頭の家畜を並べてつなぐ「くびき」のことだ。健康法のヨーガは、ちぢに乱れる心を鎮めてつなぎ留め、心身統一を図ろうとする修行法の変形である。

2 ガンジスにアーリア人

今のイラン北部や中央アジアで半農半牧を営んでいたアーリア人（意味は、高貴な）は、紀元前十五世紀ごろから南東方向へ向かって移動を始めた。地球の寒冷化のため南下せざるを得なかったのだ。さらに東進したアーリア人は、先住民のドラヴィダ人が築いた「インダス文明」を取り込み、先住民を奴隷にして東方のガンジス川流域にも稲作農業を広げていった。

こうして造られた初期の古代インド国家「バーラタ」は、やがて今のパキスタンからバングラデシュまでインド全域に広がった。アーリア人はもともと農耕を左右する天候や天変地異など自然現象の奥にひそんでいる〝絶対的威力〟を神として崇めていたが、インドに定着したインドアーリア人はこの神を軸にして「バラモン教」を生み出した。

バラモンとは、神を祭る「司祭階級」を表す言葉である。サンスクリット語では「ブラーフマナ」といい、「宇宙の根本原理」を意味するブラフマンに由来する。インドでは紀元前千五百年から約千年間を「ヴェーダ時代」と呼んでいるが、「ヴェーダ」（元の意味は、知識）は神々にささげられた賛歌集のことである。

バーラタ国では、バラモンを頂点にしてクシャトリア（王侯・武士階級）、ヴァイシャ（庶民階級）、スードラ（隷属階級）というカースト制度が敷かれ、住民を身分的に拘束した。このうち上層階級には早くから文字文化が浸透し、十進法と六十進法を併用した計算法も駆使されていた。

銅器に代わって硬度の高い鉄器が普及してくると、農機具の改良が進んでジャングルの伐採・開墾がどんどん進む。田畑の面積が急速に広がって、食糧の収穫量が増えれば、人々の生活にもゆとりが生まれ、高度な文化が興ってくる。当時すでに農業用水や水道の設備も整い、暑さをしのぐ住宅さえ造られていたという。

都市の発達につれて農業以外の職業、中でも手工業に携わる職人が増えてくる。織物、焼き物、鋳物、木工、竹細工、象牙細工……。当然、余った製品を売りさばく商人が現れ、貨幣も広く流通するようになる。こうして経済が発展した結果、各地に都市国家がつぎつぎ生まれ、国と国との交易のため水陸の要衝には市場が開かれた。

こうなると第二位のカーストであるクシャトリアが、バラモンを圧倒するような大きな権力を持ち始める。貿易商人たちは交易路の安全を守ってもらう見返りに、王族や武士たちに惜しみなく代価を支払ったからである。

やがてバラモンやクシャトリア層の中には、儀礼化・形式化してきたバラモン教に飽き足らず、自分なりの思想の確立をめざして遍歴修行に踏みきる若者たちが増えてきた。

3 城を捨てたシッダールタ

インドでは三千年以上も昔から、小さな自己（アートマン）と広大な宇宙原理（ブラフマン）との一体感（梵我一如《ぼんがいちにょ》）を体験しようと、哲学者や思想家たちは仙人のように森や山にこもって思索や瞑想、修行や苦行に打ち込んできた。宇宙は「聖なるもの」であり、それに合一することによって「自己の聖化」が達せられると信じられていたのだ。

古代インドの森の中で瞑想や苦行に身を投じた思想家や自然哲学者の仲間に、のちに仏教を開くことになるゴータマ・シッダールタ（紀元前四六三～前三八三頃）が交じっていた。イエス・キリストより四百五十年も昔のことである。

当時、ガンジス川の本流や支流に沿った北インドには十六の大国が割拠し、中でもマガタ、コーサラ、ヴァッァ、アヴァンティの四カ国が覇権を競っていた。シッダールタはコーサラ国の北端に接するカピラ国の王子として、首都郊外のルンビニー園で生まれた。そこはヒマラヤ山脈の南麓で、今のネパール領タライ地方に当たる。

小国カピラはコーサラ国の配下にありながらも、「シャーキャ（釈迦）族」のゴータマ家に自治が任されていた。インドでは西方から移り住んだアーリア人との間で混血が進んでいたが、ゴータマ一家は根っからのネパール人で、日本人に近い顔立ちをしていたといわれる。

シッダールタは、生後七日目に母親マーヤーと死別して母の妹に育てられたためか、小さいころから考え込むくせがあった。父親スッドーダナ王は、王子の気持ちを慰めようと様々な工夫をこらした。珍しい調度を取りそろえたり、季節ごとに使い分けられるように宮殿を三つも造ったり。そして十六歳で結婚もさせる。ずっと後にシッダールタはこう回想している。

「父王は着る物も食べる物も特製品を選び、使用人にも惜しみなく与えた。私は極めて快適な日々を過ごしたが、誰にも老いと病と死が忍び寄っていることに思いが集中していった」

人間は誰しも「年を取り、病んで死んでいくのは嫌だけれど、悩んだところで始まらない」と、〈老・病・死〉について本気で考えようとはせず、日々の気晴らしで現実をごまかし続けている。しかし、不治の病や身内の死などに見舞われて人生の歯車に狂いが生じたとき、身に迫る怖さに驚きあわて、途方に暮れてしまう。

シッダールタは二十九歳のとき、深夜に宮殿を抜け出した。召し使いチャンナに用意させた馬にまたがり、一夜のうちに三つの王国を通過して、さらに南東のマガタ国をめざした。マガタ国周辺の森には、型にはまらず自由に思索し、思い通りに暮らす思想家や修行者が大勢集まっていると聞いていたからである。

4 悟りをめざして難行も

遍歴修行者に仲間入りしたシッダールタがまず師匠に選んだのは、高名な二人のヨーガ修行者であった。彼らは森の中で仙人に似た暮らしをしていたが、それまでのバラモン伝統の難行苦行とは一線を画すものであった。ヨーガや坐禅の手法によって心の動揺を抑制し、一つの対象に心を集中させて瞑想《めいそう》（禅定《ぜんじょう》）にふけっていた。

最初に訪ねた仙人アーラーラ・カーラーマは「どんな物事に対しても所有する想いがない」という境地（無所有処《むしょうしょ》）に、次に訪ねた仙人ウッダカ・ラーマプッタは「想いがあるのでもなく、ないのでもない」という境地（非想非非想処《ひそうひひそうしょ》）に達していた。シッダールタはそれぞれの師匠の導きに従ったところ、短時日で心の統一を果たし、師匠と同じ境地に到達したという。

シッダールタは二人の師匠に

「ここにとどまって修行者たちのグループ指導に当たってほしい」

と懇請されたが、彼は丁重に断って立ち去った。それぞれ一つの悟りの境地には違いないが、究極の悟りにはほど遠いと思えたからである。

禅定法を習得しても満足できなかったシッダールタは、バラモンたちが伝統的に続けてきた苦行を試みることにした。多くのバラモンが集まっている苦行林では、一日に米粒一つだけ、ゴマ粒一つだけといった厳しい食事制限を自らに課したり、鼻と口をふさいで長く呼吸を止めたりしていたが、それを見習うことにしたのである。

生理的レベルを下げて肉体を痛めつければ、逆に精神が研ぎ澄まされて霊魂が自由になり、神秘的な能力が身につくはず、という考えからだ。確かに、体力が衰え尽くせば疲労こんぱいさえ感じられなくなり、意識がもうろうとなる段階に達するだろう。この爽快感《そうかいかん》に陶酔するのが苦行の目的なら、それも意味があるかも知れない。

抗生物質が登場する数十年前まで、チフスや赤痢や食中毒など消化管の感染症にかかると、お湯以外の飲食物を禁じるという絶食療法が行われていた。私が赤痢で病院に隔離されたときの体験では、初めの数日間は空腹感にさいなまれ、手首が日に日にやせ細っていくのが見えたが、一週間もすれば苦しさが清々《すがすが》しさに変わっていくのを覚えたものだ。

こうした爽快感は、長時間走り続けたあとのマラソン走者にも訪れ、「ランナーズハイ」などと呼ばれる。また登山家たちも、空気の希薄な高山で感じる達成感は「クライマーズハイ」というそうだ。しかしこれらは普遍性のある悟りや哲理を得ることとは何の関係もない。

シッダールタは六年間続けた苦行に終止符を打ち、方向転換を図ることにした。

5 悟りの神髄〈縁起の理法〉

二十九年間の宮殿の「快楽」生活、そして六年間の森での「苦行」の末、シッダールタが選んだのはその「中道」ともいえる菩提樹《ぼだいじゅ》の下での瞑想であった。苦行林を出たあと川で水を浴び、長かった苦行で疲れ果てた心身を休めた。そして村娘スジャータから乳がゆをもらって元気をつける。瞑想には、大脳のエネルギー源としてブドウ糖が欠かせない。

それから大樹ピッパラの根元に枯れ草を敷き、坐禅を組んで瞑想に入った。この場所はガンジス川下流、今のビハール州ガヤー県にある。地名はブッダガヤとかボードガヤと呼ばれ、ピッパラ樹のそばに高さ五十二メートルの大菩提寺（マハーボーディ寺院）が建っている。「ブッダ」とか「ボード」は、「ボーディ」（菩提＝悟り）に由来する言葉だ。

さて、二週間ほどの瞑想で悟ったこととは、どんな内容だったのだろう？　それはお寺参りをして僧侶に尋ねても、なかなか教えてもらえない。話しても分かるはずがないと思われているのだろうが、悟りの神髄は〈縁起《えんぎ》の理法〉だったといわれている。

「縁起」とは、文字通り「縁があって起こる」ことである。つまり、

「何らかの条件が整ったとき、それに応じて現象が起こったり物事が生じたりする」

という法則だ。「縁」という言葉を聞けば、ふつう結婚に至る〝すじみち〟を思い起こすが、まず男性と女性に〝出会い〟がなければ始まらない。何事にも、誘因が必要なのである。

「縁起」については、初期の経典『アーガマ』（阿含経《あごんぎょう》）に次のように書かれている。

これがあるから、あれがある。これが生ずれば、あれが生ずる。

これがなければ、あれはない。これが消えれば、あれが消える。

平たく言えば、

「どんな物事も条件がかかわって生じる。また、条件しだいで消滅する」

ということである。さらに突っ込めば、

「現象や物事はすべて条件によって生成し消滅するのだから、絶対的・本質的に存在しているのではない」

ということになる。

この〈縁起の理法〉は、まさに客観的で冷徹な法則である。シッダールタの頭脳にこの法則がひらめいた瞬間、長い間の人生の苦悩もいっぺんに消えてしまった。

「人間も条件（縁）で成り立つのだから、〈老・病・死〉も自然な流れなのだ」

さらにシッダールタは、積年の疑問を〈縁起の理法〉に照らして整理していった。

6
宇宙を動かす根本原理

身の回りに起こった出来事をなぞると、先に起こった出来事が後から起こる出来事を決めているように見える。シッダールタ自身の快楽生活→森林での苦行→村娘にもらった乳がゆ→菩提樹下の瞑想……。いや、何事によらず世の中で起こる現象すべてに共通することだ。

「一つが原因となって一つの結果が生じる」

という関係は「因果関係」と呼ばれ、現代に至るまで哲学や科学の分野で重視されてきた。この因果関係にまっさきに着目し、深化させたのがシッダールタであった。

存在のありようを〈縁起の理法〉という形で把握できたとき、シッダールタは「これで人間や人生にかかわる問題もすべて解ける」という見通しをつけた。そして
「この理法は、私が気づこうが気づくまいが、初めから定まっていたことだ」

とうなずいた。この理法には、人の思い入れや願いはまったく含まれていない。一神教の預言者が語ることとはまるで異なり、シッダールタ自身が数々の体験と冷静な自然観察に基づいて自ら洞察した法則であった。実はシッダールタには、信じるに足る神などなかったのだ。

自然界での風の吹き具合のように、何かにつけて人間社会には無数の条件が渦巻いており、めいめいがいかに努力しようとも、満足のいく結果につながるとは限らない。これを「運・不運」で解釈したり、祈りに頼って開運をめざす人々も多いが、〈縁起の理法〉が発見されてしまっては、いずれも空しい期待に過ぎない。

何事にも通用する端的な理法に到達できたのは、シッダールタに人間社会や自然現象を詳細に観察して冷徹に分析するという〈智恵《ちえ》〉が備わっていたからである。だから仏教は、神に助けを頼む多くの宗教と区別して〝智恵の宗教〟と呼ばれるのである。

ずっと時代が下ってから発達した科学的な研究によって、〈縁起の理法〉は宇宙のあらゆる現象の根本原理であることが明らかになってくる。物理学をはじめ化学、生物学など自然科学の法則は、条件を様々に変えながら、どんな結果が生じるかを調べ上げた末に発見されたものだ。

例えば、サクラは年ごとに咲き始めが早まったり遅れたりするが、これには気象条件が大きく影響する。前年からの降水量、花芽をつける冬場の気温や湿度、春先の気温変化や空模様などが総合的に作用して、ある日ちらほらと花びらを開かせる。また散り始めは強風や降雨にも左右されるが、気温の上昇も無関係ではない。

自然科学や工学、農学、医学ばかりではなく、社会変動や人間の精神活動にさえも、その根本には〈縁起の理法〉がきっちり働いているのである。

7 〈四種の真理〉と〈八正道〉

菩提樹下の瞑想で〈縁起の理法〉を悟ったあとも、シッダールタは同じ菩提樹の林に何週間かとどまり、あちこち場所を替えながら〈縁起の理法〉の発展形について思索した。そして人生の苦しみから抜け出そうと修行に努める同僚たちを導くための〈四種《ししゅ》の真理〉をまとめ上げた。「四種」とは〈苦《く》・集《じゅう》・滅《めつ》・道《どう》〉のことである。

人生苦から抜け出すには、まず「苦の真理」から入れという。これは病気の治療でいえば症状を確認する段階であり、「人生は苦である」という事実を認めよというのだ。誰でも毎日、楽しいことを追い求めて暮らしているが、楽しいことは長続きせず、必ず揺り戻しがくる。そこで味わうツケは〈苦〉であり、それは自分で清算しなければならない。

いつまでも若く、健康で、生き続けたいが、刻々と老・病・死のゴールへ向かっている。古代インドでは〈生老病死〉を〝四苦〟と呼んでいた。それに、愛《いと》しい人と別れねばならない〈愛別離苦〉、嫌な人とも付き合わねばならない〈怨憎会苦《おんぞうえく》〉、欲しい物が入手できない〈求不得苦《ぐふとくく》〉、自らの心身の陰にまで執着する「五陰盛苦《ごおんじょうく》」の四つを合わせて〝八苦〟という。

「人生とは苦しみなのだ」と認識できたら、「集《じゅう》の真理」に進む。〈集〉とは、苦を作り出す原因のことだ。老・病・死を苦と感じるのは、それぞれ若さ・健康・生命への「執着」が基になっている。また老・病・死の事実を素直に認めようとしない「無知」からも、苦が生じる。〈縁起の理法〉に従って執着や無知など苦の条件を消せば、苦も消えることになる。

次の「滅の真理」は、苦が完全に消えた理想の状態であり、この境地を〈涅槃《ねはん》〉と呼ぶ。この安らかな目標に到達するには、最後の「道の真理」に従って苦の原因である執着や無知を絶つ必要がある。そこで苦にまみれることのない健康な人格を作るための条件として、八つの実践徳目が提示された。これはまとめて〈八正道《はっしょうどう》〉と呼ばれている。

＊正見《しょうけん》……正しい見解。時代に合った見識を養うことも重要。
＊正思《しょうし》……正しい思考。〈縁起の理法〉をよく理解した上で。
＊正語《しょうご》……正しい発言。熟慮してその場に最もふさわしく。
＊正業《しょうごう》……正しい行為。熟慮してその場に最もふさわしく。
＊正命《しょうみょう》……正しい生活。人に役立つ仕事を選んで正しく稼ぐ。
＊正精進《しょうしょうじん》…正しい努力。何事にも本気で専念して。
＊正念《しょうねん》……正しい落ち着き。何事にも注意深さを忘れずに。
＊正定《しょうじょう》……正しい精神統一。何事にも思いを凝らして。

8 願いは一切衆生の救済

やがてブッダガヤの森を出たシッダールタは、ガンジス川上流のサールナート（鹿野苑《ろくやおん》）をめざして歩き始めた。そこはブッダガヤの西北西約二百五十キロメートルに位置し、今のバーラーナシー（ウッタルプラデシュ州）の北郊に当たる。かつての修行仲間の五人グループがその辺りにいると聞き及び、会ってみようと考えたのである。

この五人の修行者というのは、シッダールタが故郷を出たあと父王スッドーダナから用心棒として派遣された若者たちである。シッダールタが六年間の苦行を中止して乳がゆの布施を受けたとき、修行をあきらめたのだと早合点して離れていったのだが、それでもシッダールタにとって自分の悟りについて最初に伝えたい相手であった。

サールナートも修行林として遍歴者が三々五々集まっていたが、五人のほうからシッダールタに近づき深々と頭を下げた。自信に満ちた面持ちに神々《こうごう》しさを感じたからだ。

〈四種の真理〉と〈八正道〉の説法には五人とも感服し、即座に弟子入りを申し出た。こうして仏教僧団（サンガ）がスタートし、シッダールタは「ゴータマブッダ」と尊称されるようになる。「ブッダ」とは「目覚めた人、悟った人」のことで、ずっとのちに中国語で「仏陀《ブッダ》」とか「覚者《かくしゃ》」という文字があてられた。

ゴータマブッダが悟りを開いたという情報が周辺諸国に伝わると、はるばる訪ねてきて出家を願い出る者も増えた。数百人の修行者集団が一度にサンガに加わることもあり、共同生活のルールとして〈戒律〉が整備されていく。

ブッダに帰依《きえ》する王侯や貴族も現れ、雨季をしのぐための精舎《しょうじゃ》や食事などが寄進された。マガタ国のラージギル（王舎城）、コーサラ国のサヘート（祇園《ぎおん》精舎）やマヘート（舎衛城《しゃえじょう》）などの精舎は、今もレンガ積み遺跡として保存されている。

ところで、ブッダが説法に心をくだいたのは、むしろ下層階級の人々であった。ブッダの教えを聞いて悟った修行者（比丘《びく》）には「一人ずつ遊行して、なるべく多くの人に易しい言葉で語るように」と命じた。相手の状況や理解力に応じて、説き方をいろいろ工夫しなければならない。これが機根、つまり能力に合わせて説く「対機説法《たいきせっぽう》」である。

比丘とは〝食を乞《こ》う者〟を意味する。朝早くから町を托鉢《たくはつ》して回り、汗して稼いでいる人々から食べ物の布施を受け、正午までに一日一回の食事をすませる。当然、高慢を戒め、人々には柔和で慈しみの思いを注がねばならない。すべての生命を尊重し、人格の尊厳を認める。一切衆生の救済が究極の願いなのだ。これが〈慈悲〉に目覚めるための修行でもあった。

9 元からの因＋追加の縁

〈縁起の理法〉を見れば分かるとおり、仏教はゴータマブッダの理性的思索（智恵）によって創始された自然哲学体系に基づいている。跡を継いだ弟子たちも多くの学派を組織して思索を重ね、分析的思考によって〈縁起の理法〉の解釈を前進させた。その一つが「どんな現象や物事も、条件のかかわり合いの中で生じる」という命題の〝解剖〟であった。この中の〈条件〉を「元から備わっていた原因」と「後から付け加わった条件」に分解して、前者を〈因〉、後者を〈縁〉と呼ぶことにしたのだ。これはなかなか有用で、説得性が高い。整理すると、次のようになる。

＊因……内在的な原因

＊縁……付加的な条件

自然現象でも人間の病気でも、世界の成り立ちや移り変わりも、すべて〈因〉と〈縁〉の法則で説明できる。稲作という農作業を例にとると、イネの種モミが〈因〉で、田んぼや水、太陽光、肥料、農作業などが〈縁〉ということになる。

どんなに素晴らしい品質の種モミも、農家の納屋にしまわれたままで〈縁〉に恵まれなければ、決して芽を出すことはない。初夏、苗代《なわしろ》に蒔《ま》いて苗として育てられ、たっぷり水を張った田んぼに移植され、盛夏の日差しを浴びて初めて、稲として順調に生育する。農夫が田の草取りをサボったり、葉や茎が害虫に食われたり、台風に倒されたりすると、収量が減ってしまう。

モミが稲の苗に育つのは、モミの中の遺伝子、つまり〈因〉の作用である。コシヒカリとかアキタコマチといった品種は、内在する〈因〉によって定まっており、また米のモミは絶対に麦やハスを生み出さない。〈因〉のほうは、簡単には変わらないのだ。しかし環境条件という〈縁〉の加わり方によって収穫量が大きく左右される。

また、大半の病気には遺伝的素因が強くからんでいるが、遺伝子という〈因〉が存在しても必ずしも発病するわけではない。例えば、糖尿病の遺伝子をいくつか持って生まれてきても、砂糖やデンプンなど糖質（炭水化物）を食べ過ぎるという〈縁〉を遠ざけていれば、遺伝子を眠らせたまま発病せずに一生涯を過ごすこともできる。

自然科学者たちは、仏教の先覚者たちが鋭い洞察力で明らかにした〈因＋縁＝果〉の法則を自然現象に適用することにより、現象世界の成り立ちを解きほぐしてきた。その結果、〈縁起の理法〉という〝普遍法〟がとりしきる宇宙の構造や変化の様子が、〝部分法〟や〝暫定法〟として少しずつ切り出され、科学を発展させてきたのである。

10 〈無常の定理〉をまず納得

仏教の思想を特徴づける言葉に〈三法印《さんぼういん》〉というのがある。その中国語訳は、
諸行無常《しょぎょうむじょう》、諸法無我、涅槃寂静《ねはんじゃくじょう》
最初の「諸行」の「行」は、「修行」などとはまったく関係はなく、「この世で行われていること」つまり現象のこと。だから、この四文字の意味は「あらゆる現象は、時々刻々に移り変わっていく」ということになる。要するに、「この世が〈無常〉であることを納得して暮らせば、何も怖いことなどない」と説いているのだ。
ところで、この〈無常〉はまるで数学の定理のように、〈縁起の理法〉からすんなりと導き出すことができる。つまり、付加的条件（縁）のほうが時々刻々に移り変わっている場合、現象や物体に変化が生じるのは当然ではないか。
例えば、春が近づくにつれて気温が上がり、昼間の長さも延びてくる。こうした気象条件の変化によって雪や氷が解け、草や木が芽を出して葉をつけ、花を咲かせる。また秋が深まると、主に気温変化が作用して木々の葉が色づき、やがて散っていく。

季節という〈縁〉の変動によって、植物だけでなく動物も人間も、暮らしを大きく揺さぶられる。しかし毎年同じ変化が繰り返されているわけではない。地球上の大気の流れ方しだいで、豪雨や水不足、冷夏や暖冬に見舞われることもある。さらに人間の産業活動の結果、二酸化炭素やフロンやメタンが大気を汚染して、生き物すべてに温暖化による苦しみをもたらしている。
日本人は昔から、滅び行く姿にばかり目を奪われてきたが、それは〈無常の定理〉の一側面のみを見ているからに過ぎない。花が散るとか、人が死ぬことだけが無常なのではなく、草木が芽を出して生い茂るのも、赤ちゃんが成長して大人になるのも、〈無常の定理〉に従った現象なのである。

この世には、固定してとどまるものなど何一つあり得ない。ダイヤモンドだって、火をつければ燃えてしまう。無常な、有為転変《ういてんぺん》の世界に住んでいるのだから仕方あるまい。存在する物はすべて時間とともに移ろうことは、誰もが先刻ご承知のはずなのに、自分のこととなるとこの定理に抵抗を試みて、若さ・健康・財産などに執着しようとする。

ヒトの生命機能を支配している遺伝子も、実は太陽など他の天体から放射される宇宙線などの作用で傷つけられる。さらに傷ついた遺伝子の修復能力も加齢とともに衰えてくるから、心身の老化は容赦なく進行する。おまけに暮らしを支えてくれた周囲の人々も社会状況もじわじわと変化する。そんな中で当人だけが変化しないなど、あり得ないことだ。

11 因果同時の〈共働の定理〉

次に、〈三法印〉の二つ目の四文字「諸法無我」に注目することにしよう。

この無我は「無我夢中」の無我などとはだいぶ違う。〈諸法〉は「あらゆる存在」、〈無我〉は「我《が》を張るほどのものがない」という意味だから、「諸法無我」は「あらゆる事物には、それ自体を根拠づけるような実体はない」と解釈できる。どんな事物にも実体などなく、ただ「関係性」だけで生成し、存在しているというのだ。もちろん、これも〈縁起の理法〉から導き出すことができる。

先に原因があって、後から結果がついてくるのを「因果関係」というが、時間的にズレのない「因果同時の関係」を考えればよい。例えば、親子関係のようなものだ。親があるから子がある。逆に子がなければ親とは言えない。夫婦という間柄も、相手を持ったときに夫となり、妻となる。また先生だけ、生徒だけの師弟関係もあり得ない。

野球のバットは一本では立たなくても、三本もたせ合えばちゃんと立つ。このような同時的相互作用の法則は〈共働《きょうどう》の定理〉と呼べるだろう。要するに、お互いの働き合いだ。とにかく関係性を離れた存在などあり得ない。食物になる動植物はもちろん、家も町も山も川も、決してばらばらに存在しているのではなく、いま生きている私と深く関係し合っているのである。

さて、「諸行無常、諸法無我、涅槃寂静」という三法印は、ひと続きで論理的な意味を持っているのだが、頭に「因＋縁＝果」の法則を置いて読むと理解しやすい。

1. この世の現象や存在は、すべて無数の因と縁のかかわり合いによって生じる
2. 縁は時々刻々と変動しているから、どんな現象もとどまることなく流動する
3. また、どんな事物にも永遠不変な実体などあるわけがない
4. 以上のことを心得て暮らせば、必ず安らぎの境地に至ることができる

三法印を締めくくる「涅槃寂静」の「涅槃」は、古代インド語の「ニルバーナ」または「ニッバン」の漢字による音写である。また意味を汲み取って「寂静」のほか「寂滅《じゃくめつ》」「滅度」「解脱《げだつ》」「無為《むい》」と漢訳されている。

もともと「涅槃」という言葉は、

「燃えていた炎が吹き消された状態」

「欲望や煩悩が鎮まり心身ともに静かな境地」

を表す。ゴータマブッダ（釈迦）の入滅を描いた絵は「涅槃図」と呼ばれているが、ブッダは存命中から「安らぎの境地」にあったはずだ。

12 何事も縁の連鎖で進行

「どうすれば生の苦しみから離れられるか」をさらに掘り下げ、詳細に分析してまとめ上げたのが、次の〈十二因縁《じゅうにいんねん》〉である（カッコ内は中国語訳）。

①根本的な無知（無明《むみょう》）→②認識や生命の形成力（行《ぎょう》）
→③認識や識別の作用（識）→④認識の対象となる形や物質（名色《みょうしき》）
→⑤五官と意識の中枢（六入）→⑥対象からの刺激と器官の接触（触《そく》）
→⑦刺激の感受（受《じゅ》）→⑧好みの感受に対する愛着（愛）
→⑨激しい執着（取《しゅ》）→⑩生きようとする意志（有《う》）
→⑪出生と生存（生《しょう》）→⑫老病と死（老死）

いずれも前の項目が〈縁〉になり、次の項目を〈結果〉として導き出す。つまり根本的な「無知」から始まり、性への目覚め、性の営みがあって、次世代を産み出し、結局はすべてが死滅に至るという。要するに、「こんな〈因＋縁＝果〉の世界に生を受けたことをよく納得して暮らす必要がある」と教えているのだ。

〈縁起の理法〉のねらいは、唯一神によって創造されるといった絶対的な世界を認めず、「様々な条件が互いにつぎつぎ組み合わさって世界を成り立たせている」と説明することにあった。

ブッダ自身、望まれればバラモンなど異教徒にも教えを説いた。「たとえ外道《げどう》でも真理を知ってくれればいい。きっと各人の役に立ち安楽ならしめるであろう」と述べている。外道とは、仏教以外の思想や宗教のことである。

ここらあたりがユダヤ教、キリスト教、イスラームなど一神教の教えとはまるで異なる。イエスは神の愛を説いたが、イエスを信じない〝悪しき人々〟には復讐《ふくしゅう》も辞さない。神と契約した者だけを差別的に優遇する思想であり、隣人愛の背後にも神の怒りが控えていたのである。

それにブッダは、イエスとは違って奇跡を起こして病気を治したり、死者を蘇《よみがえ》らせたりしたことはない。ただ静かに物事の本質を指し示し、人々がみずから真実に気づいて自由の境地に至るのを待った。もちろん、恨みや敵意を抱くような比丘などもいるはずがない。仏教の慈悲は、人間ばかりでなく大自然の中の動物や植物にまで及び、生態系全体に広がっている。

中でも庶民に分かりやすかったのが「中道」の教えだ。「燃えるような欲望は心身を焼きさいなむ。また厳しい禁欲も安らぎからほど遠い。その中間に道がある。多くを欲しないで、足ることを知ろう」とブッダは説いた。こうしてクシーナガラ（ウッタルプラデシュ州）で入滅するまでの四十五年間、ガンジス中流域を広く遊行して説法を続けたのである。

13 法に従い我が道を歩め

ゴータマブッダ（釈迦）に入滅が近づいたとき、お付きのアーナンダ（阿難《あなん》）は「残された者は、何を拠《よ》り所《どころ》に生きればよろしいのでしょうか」と質問した。その答えがブッダの遺言となったのだが、「神に祈れ」でも「修行に励め」でもなかった。

――自らを拠り所とし、法を拠り所として生きよ（自灯明《じとうみょう》、法灯明）――

要するに、「法を拠り所として自立し、我が道を行け」というのである。この「法」とは〈四種の真理〉や〈八正道〉、それに〈縁起の理法〉から導かれた〈無常の定理〉や〈共働の定理〉のことだ。〈無常の定理〉がしっかり身についていれば、誰に先立たれても冷静に受け止められるはずだが、ブッダが亡くなったときアーナンダは泣いた。まだ悟っていなかったのだ。

〈共働の定理〉は、親子・夫婦・師弟のように、お互いに支え合うことによって存在できるという法則だ。同様に太陽光や雨風といった自然現象、さらに食物となる動植物、町や国や世界を成り立たせている人々すべても、我々の生存を支えてくれている。

ともかく〈縁起の理法〉は無限大の時空を前提とし、宇宙の出来事すべてを永遠にとりしきっている。この法の働き方を人類は太古から〝自然な成り行き〟と納得しながら生きてきた。もちろん、われわれの体内で起こっている生命現象も、この法の支配下にある。生き物はすべて、生まれることも死ぬことも思い通りには行かないのである。

例えば、心臓と肺。当人がいちいち気にしなくても、こつこつと拍動を続け、すーはーと呼吸運動を続けてくれる。眠りにつくとき「今夜も呼吸を止めないように頑張ろう」などと考えたりする必要はない。心拍も呼吸も、止まるときは当人には何の相談もなしに、ぱたんと止まる。実は何もかもが自分の計らいとは無関係な〈無為自然《むいじねん》〉の働きなのだ。

もともと生き物は、全身そっくり〈無為自然〉に授かったものである。〈縁起の理法〉に生存を許されたからこそ、いま生きていられるのだ。それなのに人間は自分の体と決め込んで、あれやこれや計らおうとする。この〈我執〉を去れば、楽に生きられるというのに。

また人間は、動物や植物の命を頂戴《ちょうだい》して自分の命を維持している。こうした自然界全体の関係性に気がつけば、森羅万象に対しても「もったいない」と頭が下がり、〈感謝〉の気持ちがわき起こり、控えめに暮らそうと考えたりもする。自分の努力だけでは生きられるものではない。

世の中の人々に対しても、自分の都合を二の次にした〈利他《りた》〉の心も芽生えてくる。多くの日本人は無宗教を自認しながらも、災害現場などにボランティアとして参加しているが、それは仏教や神道《しんとう》など伝統的な宗教風土に暮らしてきたお陰なのに違いない。

14

「成り行き」を超える道

しかし仏教者は、〝自然な成り行き〟には精いっぱい抵抗してきた。だいたい仏教そのものがゴータマブッダの修行努力の結果、生み出されたものである。そして弟子たちも〈縁起の理法〉から導き出された〈因＋縁→果〉の〈縁〉を活用して、自分と社会の安らぎを願って学問や修行に打ち込み、精神と身体を鍛えた。

キリスト教では「予定調和」といって、天地創造のとき神はすでに後世の秩序まで設定しおえていると考えるが、〈縁起の理法〉では〈縁〉の時々刻々の加わり方で状況が大きく変化する。病気の遺伝子など〈因〉はどうしようもなくても、病気を誘発させる付加的条件〈縁〉のほうは各人の判断で選択することができる。

一九九五年に起こったサリン事件は、高学歴の学生たちがオウム教団に取り込まれ、毒ガスを合成して無差別殺人を繰り返したり、教団に都合の悪い弁護士一家や同僚の命を平気で奪ったりした。教団に足を踏み入れたきっかけはヨーガの習得だったというが、体調を整えるなら別のスポーツもあるし、ヨーガを習うにしても師匠の選択〈縁〉を間違えてはならない。

科学的思考になじんだはずの頭脳が、なぜ軽薄な教養にのめり込んだのか。その〈因〉として幼児期からの宗教環境や道徳教育の欠落が考えられる。ただ大学入試を突破するために、幼少期から細切れ知識の大量記憶と回答反応のスピードを競ってきた。こんな時代の〈縁〉によるマルバツ式テストでは、社会生活の中に現れる数多い選択肢から取捨する力は身につくまい。

仏教でいう「四苦」（生老病死）のうち、「生《しょう》」は〝生きる〟ではなく〝生まれる〟ことだが、狭い産道を通過する苦しさなんかではなく、きっと「選択できない境遇」の悲しみのことであろう。赤ん坊は〈因〉として男か女か、健康か虚弱か、裕福か貧乏か、教育ママか放任ママか、戦時か平時かなど、予期せぬ状況下に突如として放り出されるのだ。

かつては男性の大半が、親の仕事を継いで生涯を過ごした。親のほうも跡継ぎを期待して子育てをする。だから何屋に生まれるかで、子どもの一生がほとんど決まってしまった。自由に職業が選べないことも「生」の苦に輪をかけていたはずである。

「生」はともかく、「老・病・死」はタバコや酒類、塩味、甘味といった口からの〈縁〉の加減によって、かなり変更できる。また人生には数々の岐路があり、そのたびに的確な選択が要請される。きょう「何を食べるか、何をするか、何を読むか、どこへ行くか、誰に会うか」なども重要な〈縁〉の選択だ。

人生のチャンスを生かすには、「時代に合った見識」（八正道の「正見」）がカギを握る。

15 菩薩たちの大乗革命

ゴータマブッダの入滅後、弟子たちは〈縁起の理法〉に基づいて教理を深め、ブッダが到達した境地に近づこうと学問や瞑想に励んだ。しかし数百年たった紀元一世紀ごろから、「出家した比丘や学僧だけが救済されるのでは、〈慈悲〉の教えにもとるのではないか」という反省が生まれ、ついに仏教の改革運動が始まった。

出家修行者は長い間、ともすれば一般大衆を托鉢《たくはつ》の寄進者ぐらいにしか考えていなかった。しかし托鉢に応じるのを最上の喜びとしてきた人々の間にも、「汗みどろになって食糧や衣料品を生産している者こそ、救いの対象にされるべきではないか」と、しだいに出家集団の利己的で独善的な態度に疑問が高まってきたのである。

こうして新しく登場したのが〈大乗仏教〉だ。「大乗」とは文字通り、大きな乗り物のことである。カヌーのような小舟でめいめいが悟りに向かうのではなく、大型の渡し船で大衆もろとも救われていこうという考え方だ。ブッダが説いた〈八正道〉一番目の「時代に即した見識を養うべし」（正見）の実行ともいえる。

こうして進歩的な比丘や学僧たちは、僧団（サンガ）の精舎から飛び出して街に戻ってきた。そして自ら社会生活を続けながら地域のリーダーとなって、自由な在家仏教徒のサークルを育てていく。自分たちのことを「ボーディサットバ」（悟りを求める者。菩薩《ぼさつ》）と呼んだが、大衆と一緒に悟りをめざそうという気概がこめられている。

大乗仏教のシンボルは、ハスの花（蓮華《れんげ》）である。生身の菩薩たちは

「人間は肉体を持っている限り煩悩《ぼんのう》をぬぐい去れないが、泥の中でも美しいハスが咲くように、煩悩そのままで悟りに至れる」

と説いた。一切衆生のメンバーとして、同じ立場の仲間と連帯しようと情熱を燃やしたのだ。確かに、暮らしのしがらみの中で庶民たちが抱えている苦しみなど、家族への愛情も知らない独り者の比丘には、理解できるはずもない。

のちに〈空〉の思想を理論づけたナーガールジュナ（竜樹。一五〇～二五〇頃）は、煩悩の泥の中からぱっと咲き出した蓮華のような菩薩であった。もともと南インドのバラモン家系の出身で、若いころは「短い人生は快楽のためにある」と遊びまくったが、「欲望が苦しみと不幸の原因」と気づいてから仏教に転向したのだ。

彼は明晰《めいせき》な頭脳を生かして伝統的な上座部《じょうざぶ》仏教を三カ月でマスターし、すぐ大乗仏教に移行して理論的研究に没頭した。今も日本仏教の各宗派から「第二の釈迦」と崇められている。

16 お経の文字化は五世紀後

ゴータマブッダの教えは、数百年間も口伝えだけで受け継がれた。偉大なる聖者《しょうじゃ》の口から出た説法の内容を文字で書き留めるのは畏れ多いこと、と考えられていたからである。師匠の唱えた言葉を弟子が丸暗記する必要があったので、韻律を踏んで覚えやすくした偈頌《げじゅ》のお経もたくさん含まれていた。

ところで口伝《くでん》の経典が成立したのは、ブッダが亡くなってから数カ月後の雨季であった。主要な弟子約五百人がマガタ国ラージギル（王舎城）の洞窟（七葉窟《しちようくつ》）に集まって、三カ月間集中的に仏典編集会議（結集《けつじゅう》）が開かれた。この会議で編集長として活躍したのはブッダに四十年間付き添って、説法を聞くチャンスに恵まれたいとこのアーナンダ（阿難）であった。

洞窟内は音声が散らばりにくい。小高い山の中腹に開いた七葉窟の大広間の前方にアーナンダが大勢と向き合って座り、「このように私は聞いた」（如是我聞《にょぜがもん》）と前置きし、ブッダの説法内容をゆっくりと唱え上げる。誰からも異議が出されなければ、全員で唱和して「正しい教え」として記憶にとどめていった。

ブッダが入滅して約百年後、仏教僧団（サンガ）は〈上座部〉と〈大衆部《だいしゅ》〉に分裂する。教えを忠実に引き継ごうとする上座部に対して、大衆部は「世の中の移り変わりに合わせてブッダの思想を発展させるべきだ」と主張した。それから三百年後、大衆部から〈大乗グループ〉が分派して、お経の文書化に取り組むことになる。

最初に文書化されたのは『アーガマ』（阿含経。意味は、伝承された教え）で、全部で百九十巻に及ぶ。非常に短いお経も含まれていて、ブッダの入滅前後の様子や老衰状態でも続けられた説法も記録されている。「自分の体はあたかも、古びた車が革ひもであちこち補修されて、やっと動いているようなものだ」という表現もある。

『アーガマ』が文書化されると、これが突破口となって紀元一世紀ごろから新作のお経がぞくぞく登場する。大乗グループの〝生身の菩薩〟たちが、日々の暮らしに苦悩する一般大衆を導くため、時流に即した仏教をめざしたのだ。どのお経も「如是我聞」で書き始められ、さもブッダが直接説いたような形に整えられている。

〝第二の釈迦〟と称えられる竜樹の著作とされる『大智度論』には、すでに百十種類を超す大乗経典が引用され解説されている。『アーガマ』に基づく上座部仏教（南伝仏教）は、スリランカからミャンマーやタイ、カンボジア、ラオスなどに広まったが、大乗の思想はガンダーラから西域《さいいき》を経て中国へ入り、六世紀には日本にも伝来することになる（200ページの図⑦参照）。

17 漢訳されて日本へも

日本人になじみの深い『般若経《はんにゃ》』『華厳経《けごん》』『法華経《ほけ》』『無量寿経《むりょうじゅ》』『阿弥陀経《あみだ》』『維摩経《ゆいま》』など初期大乗経典の原典（サンスクリット語）が出そろったのは紀元二世紀ごろであった。これらはやがて中国に伝わり、中国とインドの学僧の協力でつぎつぎ漢訳された。

天山山脈南麓のオアシス都市・庫車《クチャ》生まれの学僧の鳩摩羅什《くまらじゅう》（三四四～四一三）は、姚秦《ようしん》（後秦）の王・姚興《ようこう》に迎えられ、首都の長安で九年かけて『法華経』『阿弥陀経』『維摩経』などを精力的に漢訳した。このとき助手として八百人余の名僧をあてがわれたという。『阿弥陀経』には「姚秦の鳩摩羅什が詔《みことのり》を奉じて訳す」と注記されている。

大乗経典のトップを切った『般若経』には、社会的地位の高い富豪が一族を率いて旅をしている途中、深いジャングルに迷い込んだ話が出てくる。一行に恐怖感が広がってざわつき始めたとき富豪が「心配しないで私に任せてほしい。みんな無事に帰れるよ」と励まして、冷静に脱出策を探り、困難や危険を一つ一つ解決して全員を無事に町まで連れ戻る。

この富豪は精力的で美男子、あらゆる教養を身につけ、弁舌もさわやかで、人々の尊敬を集めているという設定だ。大乗経典に登場する菩薩にこんなキャラクターが多いのは、「大乗の菩薩のほうが、一文なしの比丘よりも頼りがいがあるよ」と言いたかったのに違いない。こんな風に各サークルが理想とする菩薩像を描いて、大衆に大乗仏教をPRしたのである。

ナーガールジュナ（竜樹）が〈空〉の理論を編み出すとき、すでに登場していた大乗仏典を参考にした。〈空〉といえば、『般若心経』の「色即是空《しきそくぜくう》、空即是色」という言葉が有名だ。この短いお経は、六百巻という膨大な『大般若経』の核心（エッセンス）とされている。

般若経を創作した思想家たちは「本当に存在するものは何なのか」を瞑想で追究した。「色即是空」の〈色〉とは、現代科学の研究対象である「物体とエネルギー」のことであり、モノに意識を集中すると、「名前も形も消え失せて、最高の真実だけが残る」という。それは——

「生じることもなく、滅することもなく、来ることもなく、去ることもなく、造られたモノでもなく、変化することもない。ゆえに静寂で、清浄で、〈空〉である」

つまり、〈空〉とは「実体がなく、頼りにならない」ことを象徴する用語なのだ。実は〈縁起の理法〉が示していることの言い換えである。つまり——

「縁（条件）が調わなければ、どんな事物も現れることができないし、縁が消えれば事物はすべて消え去っていく。縁に左右されるようなモノは、実体があるとは認められない」

この〈空〉こそ、仏教がめざす「涅槃」という目標を一文字で示しているのである。

18
四世紀に深層心理学

〈空〉の理論を完成したナーガールジュナ（竜樹）は『中論』『十二門論』『大智度論』といった〈空〉の解説書を著したが、竜樹と並んで大乗仏教の基礎造りに貢献したのがガンダーラ出身のバスバンドゥ（世親《せしん》、天親《てんじん》）であった。四〜五世紀の深層心理学者で、〈唯識論《ゆいしきろん》〉を完成して『唯識三十頌《じゅ》』『大乗五蘊論《ごうんろん》』『仏性論《ぶっしょうろん》』『浄土論』など多くの著書を遺した。

現代人は「お金がほしい。出世したい。社会で認められたい」と毎日きりきり舞いしているが、〈唯識派〉を名乗る大乗サークルは、三世紀ごろから人間の「執着心」と取り組んだ。唯識の「識」は一人ひとりの「心」のこと。唯識論では心の作用を八つに分類し、「八識《はっしき》」ですべてを説明する。山も雲も、海も雷雨も、さらに自分の体さえ客観的な存在とは認めず、「この世は人間の精神活動だけで成り立つ」という前提で議論を推し進めるのだ。

人が外界の現象や物体をとらえるのは「目・耳・鼻・舌・皮膚」の五官だ。ここで受け止めた刺激は〈眼識《げんしき》・耳識《にしき》・鼻識・舌識・身識〉の〈五識〉に投影される。

例えば、岬に立つ灯台を遠くからとらえるのは眼識だが、誰にでも同じに見えているとは言いきれない。視力の違いや受け取るセンスによって、ピンぼけだったり、塔の壁が純白だったり土色だったり、陽炎《かげろう》で揺れていたり……と異なるに違いない。すると、「見ようが見まいが、灯台は堂々と立っている」と考えていたことが、何だかあやふやになってしまう。

五識の次に第六の〈意識〉があり、各人の経験や注意深さや体調の違いで見え方に差が出てくる。結局、モノの存在は人の精神作用の反映でしかないわけだ。

薄暗がりに縄の切れ端が落ちていると「ヘビではないか」とおびえるのは、恐怖心の仕業である。つまり、自分のとらわれの心が作用すると、世界を正しく認識することができない。同様に、お金や豪邸や出世なども大したことではないのに、さも大事なものと勘違いしてしまう。

そして第七は〈マナ識〉、第八は〈アーラヤ識〉。表層の五識と第六の意識で得た感覚や知覚、感情、思考、意志などは、すべて最も深層の〈アーラヤ識〉に蓄積される。経験の沈殿槽なのである。これは意識には上らない深層心理だが、心の根源体として休むことなく活動している。生まれてからの経験のほか、先祖伝来の遺伝情報も記憶されている。

さて、〈アーラヤ識〉に育てられている第七の〈マナ識〉こそ、「自我意識」の根源だ。親に当たるアーラヤ識を「自分の実体だ」と錯覚して、「自分もお金も名誉も実在する」と思い込む。唯識論のねらいは、「外界の事物も自己も、すべて自分の心が作り出した影絵に過ぎない。そんな幻影に執着するのはつまらない」と気づかせることであった。

19

釈迦像から我執の彫像へ

いま「仏教」といえば、まっさきに大きな寺院や仏像を連想する人が多いだろう。しかし仏教がスタートして数百年間は、修行者が集まって修行や学習に励む精舎はあっても、仏像などは一体もなかった。ゴータマブッダをしのぶシンボルは、レンガを日本の古墳のように積み上げたストゥーパ（仏塔）ぐらいのものであった。

ブッダがクシーナガラで亡くなったとき、周辺の在家信者が集まって荼毘《だび》（火葬）に付した。それを聞き込んだ周辺国の八人の王が弔いに加わり、遺骨と遺灰を八分割して自国へ持ち帰る。この遺骨を保管するために八つのストゥーパが造られ、信者たちはこれに香や花を供えてブッダの偉大さを思い出すよすがとした。

それから約二百年後、マガタ国マウリヤ王朝のアショーカ王（在位紀元前二六八～前二三二頃）は古代インドを統一する。彼は侵略戦争で数十万人の命を奪ったことを悔やみ、仏教による統治へと政策を切り替えた。そして他国にあった七つの仏塔を掘り返して釈迦の遺骨を再分割し、インド各地に合わせて四万八千のストゥーパを造って改葬した。

やがて、ストゥーパの周りが在家信者の集会場として賑わうようになり、こうした一般大衆のために〝生身の菩薩〟グループが大乗経典を創作していったのである。さらにブッダをしのぶシンボルとして菩提樹や仏足石《ぶっそくせき》が加わる。仏足石とは、ブッダの足跡を巨大化して彫り込んだ石のことで、この上にブッダが立って説法する姿をイメージしながら手を合わせたのだ。

インド北西部のガンダーラ地方（今のパキスタン北部）には、古くからギリシャ人が植民地を作って住んでいたが、一世紀末ここに大乗仏教が伝わると、在家信者に頼まれてギリシャ人の彫刻家たちがブッダの像を彫り始めた。仏塔を造ろうにもブッダの遺骨が入手しにくくなっていたので、彫像で我慢することにしたのである。

目が落ちくぼみ、肋骨が浮き上がった苦行中のブッダの像などは衝撃的だが、やさしい表情で説法する姿は当時も人気があったはずだ。ほとんど同じころインドのマトゥラーでも仏像の製作が始まり、またたく間に「釈迦像」がインド全域に広がっていった。

仏像に情熱を燃やす王たちも現れて、四〜五世紀には繊細で優美なグプタ様式が生まれる。やがて釈迦像だけでなく大乗経典に登場する如来たちも仏像として量産されるようになるが、単独では物足りなくなり、釈迦の左右に文殊《もんじゅ》菩薩と普賢《ふげん》菩薩が添えられた。これを三尊形式という。

これらの仏像は経典とともに中国や日本にも伝わり、仏教美術のモデルとなった。ブッダの教えは〈我執〉を離れることだったのに、しだいに仏像崇拝に迷い込んでいく。

20
密教でも止まらぬ衰退

インドの仏教は、多くの宗教と同じように時の王朝の政策によって盛衰を繰り返した。仏教の全盛期はマウリヤ王朝（紀元前三一七〜前一八〇頃）のアショーカ王の時代であり、都会の貴族階級や商工業者、それに田舎の農民にも広く信仰されていた。しかしストゥーパ（仏塔）の建造や仏教僧団の支援が重荷になって王朝は滅亡してしまう。

そして次のスンガ王朝から一転、バラモン教を復興させる機運が高まり、それをきっかけにヒンズー教が勢いを増してくる。ヒンズー教はバラモン教から神話やカースト制度を引き継ぎ、土着の民間信仰や仏教の教義なども取り込んでインド全域に浸透していった。

ヒンズー教は多神教だが、中心をなすのは宇宙の「創造神ブラフマー」（梵天）、「維持神ヴィシュヌ」、それに宇宙の寿命が尽きたとき働く「破壊神シヴァ」である。このうち太陽光（遍照《へんじょう》）の化身とされるヴィシュヌと、怒りの形相《ぎょうそう》を持つ死の神、あるいは甘い性の神の化身とされるシヴァの信者が多く、それぞれの浮き彫り像（レリーフ）がたくさん造られた。

インドの仏教は四〜五世紀ごろ、信者の数でヒンズー教に逆転されたが、逆にヒンズー教の祭祀や呪術を取り入れて巻き返しを図ろうとして興ったのが「密教」であった。密教とは、〝秘密の教え〟を意味する。真実の悟りは言葉では伝えられないので、選ばれた弟子だけが師匠から秘密裏に教わる仏教なのだという。

それはともかく現実には、大日如来を中心とした一切如来（五智五仏）や各種の神々の真言《マントラ》・陀羅尼《だらに》を呪文のように唱えることによって、現世利益《げんぜりやく》の達成を祈願するものであった。また多様な如来や神々を絵図にまとめた曼荼羅《まんだら》によって密教の世界観を示そうとしたが、インドの大衆には難しすぎて普及の足しにはならなかった。

さらに理屈より実践を重視した後期密教では、ヒンズー教のシャクティ（性力）信仰から影響を受けて、男性原理（精神・智・方便・金剛界）と女性原理（肉体・感・般若・胎蔵界）との合体を修行する無上ヨーガも取り込まれ、男尊と女尊が交わる歓喜仏《かんぎぶつ》も登場した。しかし男性僧侶に女性信者が身を捧げるのを無上の供養として強要したため、かえって戒律重視への反省も起こった。

さらにヒンズー教に直接攻撃をかける目的で、シヴァ神を倒す降三世明王《ごうざんぜみょうおう》や象の頭を持つ神ガネーシャを踏みつける大黒天（マハーカーラ）など仏道修行の援護と怨敵降伏《おんてきごうぶく》を祈願する憤怒尊《ふんぬそん》や護法尊を登場させたが、成果は上がらなかった。

やがて西アジアから入ってきたイスラーム勢力によって「偶像崇拝」や「呪術的祈祷」が攻撃の的にされ、ついに十三世紀初め仏教と名のつくものはインドから消え去ってしまった。

21

仏教で国が治まるか

どの宗教も儀式が大好きだ。教えの中身が乏しいものほど、大勢の人々を一堂に集めて大げさな行事を催して虚勢を張った。神秘的で呪術的なものには人々の関心が集まるので、様々な仕掛けが工夫された。世間から見放されるのが怖かったのであろう。

それにどこの国王も、権力を誇示する必要から絶えず宗教儀礼を利用しようとねらっている。経典が漢訳される前から、中国では宮廷に老子の像とともに仏像を祭りはじめた。二世紀末、後漢の皇帝によって洛陽の都に三千人も収容できる寺院が建てられ、金色の仏像が安置されたという。もちろん、巨費を投じて開眼供養《かいげんくよう》の法要が催された。

建業（南京）を拠点とする六朝《りくちょう》文化は、六世紀前半に最盛期を迎える。中でも梁《りょう》の武帝《ぶてい》は仏像を造らせ寺院を建て、僧を供養して仏教の振興を図った。そのころインドから〝面壁《めんぺき》九年〟で有名な達磨《だるま》大師がやって来て中国に禅宗を伝えた。武帝は達磨大師を迎えて、

「これだけ仏教を大切にすれば、きっとよい報いが訪れるでしょうな」

と得意気に尋ねる。すると大師は首を大きく左右に振って「効果なし」と言い放つ。〝そんな

こと、枝葉末節だ〟と言いたかったのだ。それから間もなく梁の国は滅びる。仏教振興で財政を乱したのが命取りとなった。

日本への仏教公伝は、六世紀半ばである。百済の聖明王の使者が欽明天皇（在位五三九～七一）に金銅の釈迦如来像や経典などを献上した。天皇が臣下に仏教を採用すべきかどうかを諮ったとき、曽我氏と物部氏の間で意見が対立して混乱したが、飛鳥時代に入って推古天皇（在位五九三～六二八）のとき、「仏法興隆」の詔勅が出されて各地で寺院建立が始まった。

叔母に当たる推古天皇を補佐して三十年間も摂政を務めた聖徳太子（五七四～六二二）は、漢訳仏典とともに仏教の文化体系を受け入れる政策を進めた。インドのほかスリランカ、中央アジア、中国、朝鮮半島などを包み込んだ仏教文化の潮流が、ついに北東アジア最東端の日本列島にも届いたのである。

東大寺は奈良時代、聖武天皇（在位七二四～四九）が国力を尽くして建立した「総国分寺」である。全国六十余カ国にも国分寺を建立させたが、東大寺はその総本山と位置づけられた。大仏開眼供養は七五二年、インド出身の渡来僧ボーディセーナ（菩提僊那《ぼだいせんな》）が導師となって執り行われ、聖武天皇は退位してはいたが、光明皇太后とともに参列した。

聖武天皇の願いは「仏教で世の中を治めること」といわれるが、やはり巨大寺院の建設や大仏の鋳造によって天皇への権力集中ぶりを国内外に印象づけるねらいも大きかった。

22

利用されて除災祈願

聖徳太子は仏教研究センターとして六〇七年ごろ奈良の斑鳩《いかるが》に法隆寺を、海に近い難波《なにわ》（大阪）に四天王寺を建立した。そして法隆寺の講堂では、ナーガールジュナ（竜樹）の『中論』『十二門論』、それに竜樹の弟子アーリヤデーバ（提婆《だいば》）の『百論』を教科書にして〈空〉に関する講義が続けられた。これら漢訳書「三論」の研究グループは「三論衆《さんろんしゅ》」と呼ばれた。

天平時代（奈良時代）に入ると、法隆寺のほかに東大寺・大安寺・元興寺《がんごうじ》・薬師寺・興福寺・西大寺などが整備され、多くの官僧が各研究グループに分かれて仏教教理の勉強に明け暮れた。そこから三論宗・成実《じょうじつ》宗・法相《ほっそう》宗（唯識宗）・倶舎《くしゃ》宗・華厳宗・律宗という南都六宗が生まれる。「宗」といっても、ほとんど「学派」に近い。

どの宗でも「空」の理論が重視された。法隆寺には「三論」「唯識」「律」（戒律）などの研究グループがあって、熱心な僧はかけもちで受講した。また元興寺や興福寺では、バスバンドゥ（世親）の『唯識三十頌《じゅ》』などを使って深層心理学「唯識」の学習が始まった。

しかし南都六宗はやがて朝廷に要請されて、仏像の前で「鎮護《ちんご》国家」のほか、病気平癒《へいゆ》・雨ごい・厄払いなど「除災招福」の祈祷を行うようになった。こうして高遠な仏教思想や仏教的道徳観を政治に生かそうとした聖徳太子の願いは踏みにじられていく。

仏教は、人間一人ひとりが心身を調えて、無常の世をたくましく生きていく道を説く宗教なのに、奈良・平安の為政者たちは日本古来の神道なみに、鎮護国家を祈る呪術に仕立て上げようとした。東大寺の大仏に国の安泰を祈願し、出店である国分寺や国分尼寺《こくぶんにじ》には天災・流行病・戦乱など大事件のたびに祈願法要を強制する命令が出されたのである。

ともかく平安時代中期までの仏教は、国家と貴族のものであった。朝廷の支援と上流階級の喜捨によって寺院や仏塔がつぎつぎ建造され、国家公務員の官僧が読経や写経に励む。要するに、財力で仏の救いを買い求め、その功徳で自分たちが安泰に暮らそうとした。

社会を底辺で支える一般民衆は、おこぼれとして寺院や本尊をちらりと拝ませてもらうだけ。しかも小さな幸せを細切れに祈らされて、賽銭《さいせん》を召し上げられる。おまけに社会を導くべき僧侶たちが人々の知恵をくらまして迷信を広め、中国から渡来した陰陽道《おんようどう》の占いまでごちゃ混ぜにして、おみくじなどの小細工で不安をあおり立てた。

除災招福や病気平癒に仏教を利用する風習は、時代が下っても続く。今でも仏教に関係のない七福神を祭ったり、絵馬やおみくじを売る寺院もあり、祈祷を受ければ商売・試験・病気・選挙・スポーツ・芸事……何でも他人に勝てると宣伝している。人間の欲深さには果てがない。

23 草にも木にも仏性あり

朝廷べったりの奈良仏教に愛想《あいそ》を尽かした最澄（七六七〜八二二）は、自らの修行の場を奈良から遠い比叡山に移した。奈良時代が終わる七八五年、東大寺で僧侶の資格を取ったあと比叡山の深い森に草庵を結んで一切経（大蔵経《だいぞうきょう》）と取り組んだ。やがてこの草庵が根本中堂になり、その周辺にはやはり朝廷の応援でお堂や塔が増えていく。

最澄が遣唐使の短期留学生に選ばれて中国の天台山（浙江省）に登ったことが、のちの比叡山延暦寺の役割に大きな影響をもたらすことになる。八〇四年夏から九カ月間に、通訳の弟子とともに天台教学を学んで大乗菩薩戒を受け、さらに真言密教・禅・戒律まで中国仏教を幅広く学んだ。滞在中に書写した経典類は四百六十巻に上ったという。

そして帰国一年後の八〇六年、仏教の再生をめざして日本天台宗を開いた。比叡山ではしばらくは仏教の哲学的研究や厳しい戒律のもとで修行が行われたが、残念ながら後継者に恵まれず、結局は南都六宗なみに俗化の道をたどっていく。しかし最澄の最大の功績は、「誰にも仏になれる資質が備わっている」という〈仏性《ぶっしょう》〉の思想を広めたことだ。

奈良仏教では、悟って仏になれるのは厳しい修行をクリアできた人だけとされていた。しかし「人は自分の仏性に気づいて、悟りを開く意志を捨てなければ、菩薩たちとともに平等に仏の位に上れる」というのである。この思想は仏教を日本の庶民に浸透させるきっかけを作り、さらに人間以外の森羅万象にも拡大されて「山川草木悉皆成仏《さんせんそうもくしっかいじょうぶつ》」へと発展していくことになる。

庶民に仏教を説くきっかけとして重視されたのが〈無常の定理〉であった。日本は山の緑に恵まれ、四季がどんどん変化していくからだ。こうして平安時代の半ば、日本語を成り立たせている四十七個の仮名文字を一回ずつ使った「いろは歌」が考案された。七五調の今様歌《いまようた》だったので、盛んに歌われたという。意味が取りやすいように現代仮名交じり文に直すと――

色は匂《にお》えど散りぬるを　我が世誰《たれ》ぞ常ならん
有為《うい》の奥山きょう越えて　浅き夢見じ酔《え》いもせず

美しい花を持ち出して花見の場面に引き込み、「桜の花はいずれ散ってしまうように、この世には年を取らずにすむ人などどこにもいない」と慨嘆する。「有為」とは、因や縁によって生滅を繰り返し、永続しない物体や現象のことだ。「そんな頼りにならない無常の山をいま越え抜けて、うつらうつらの夢を見たり、うとうとした気分に酔ったりはしない」と締めくくる。

すべてのものは移り変わり、この世には固定してとどまるものなど何一つない。「無常の法則に従って、いまこの世を去って行こう」と言い放っているのである。

24

悟り後の喜びを味わう

ゴータマブッダ（釈迦）が修行の末に悟ったという故事に習い、日本でもそれに準じた〈六波《ろっぱ》羅蜜《らみつ》〉の難行に取り組む菩薩たちがいた。これには次の六つの行が含まれる。

①布施……自分に最も大切な物も人に施す　②持戒《じかい》……戒律を守り心身を清浄に保つ
③忍辱《にんにく》……侮辱・迫害・迷惑を耐え忍ぶ　④精進《しょうじん》……たゆまず仏道を学び利他行《りたぎょう》に励む
⑤禅定《ぜんじょう》……心身の動揺を鎮め雑念を断つ　⑥智恵……悟りを得て〈空〉の境地を味わう

最初の布施は〝モノのいのち〟を最大限に生かすのが本来の趣旨だが、所持品を施しきることによって自己への執着（我執）を断つのがねらいだ。たとえ礼状一本でも見返りを期待してはならない。この行一つでも難しいのに、それに続く四項目を並行的に進めて、悟りの〈智恵〉を得て仏の前段階の聖者《しょうじゃ》に進級する。

しかし平安末期から鎌倉初期にかけて比叡山延暦寺の修行者の間で、庶民への布教を重視する機運が高まってくる。古くブッダは相手の状況や理解力に応じて説く「対機説法」（217ページ参照）を重視したが、これを大乗仏教に応用しようというわけである。

庶民には修行は無理でも、釈迦の悟りの内容を学び、悟りの境地に至ったときの喜びならば誰にでも味わえるのではないか。こうして生まれたのが日本独特の祖師仏教だ。中でも人々の関心を集めたのが〈念仏系〉の法然と親鸞、〈座禅系〉の栄西と道元であった。

ブッダが悟った〈因+縁→果〉の理法は、無限大の時間・空間を前提とし、世界の出来事すべてを仕切っている。もちろん人間や動物の体内で起こっている複雑な生命現象も、すべてこの理法の支配下にある。人類は太古から〝自然な成り行き〟と受け止めてきたが、こうした流れを大乗仏教では〈無為自然《むいじねん》〉とか〈自然法爾《じねんほうに》〉と表現する。

要するに生き物は、生まれることも死ぬことも自らの思い通りにはならない。気がついた時には、生まれて生きているのだ。また、いちいち気にしなくても心臓はどっきどっきと拍動を繰り返し、肺も忘れずに呼吸運動を続けてくれる。そして意識しようがしまいが、止まる時はぱたっと止まる。〈縁起の理法〉から導かれる〈無常の定理〉に従っているのである。

空腹感を覚えれば食べたくなるが、〈共働の定理〉が示す通り、地球上に同時に生きている動物や植物のお世話になって命をつなぐ。そんな食べ物を生産し配送してくれる同時代人の厳しい労働に対して、お礼が言いたくなるのも無為自然なのだ。そして何かを口に入れれば、当たり前のように胃腸が働き始め、消化・吸収が進んで生命を維持しつづける。

「自分を生かしてくれている〈無為自然〉に感謝しよう」と教えるのが大乗仏教なのである。

25 一神教徒は手が早い

一神教は「世界も人類も動物も植物も、すべて全能の神によって創造された」と説いたが、人類は太古から〝自然な成り行き〟に生かされて暮らしてきた。そして世の中のすべてが移り変わる原理をゴータマブッダ（釈迦）が初めて解き明かす。その核心こそが〈因＋縁→果〉の法則であり、近代科学の研究者たちもこの法則に従わざるを得なかった。

大乗仏教では、この法則の働き方を〈無為自然《むいじねん》〉と言い表し、「無為自然に感謝して生きれば安らかな境地に到達できる」と教えた。無為も自然も「あるがまま」のことである。しかし人間は〝あるがまま〟を尊びながらも、自分の意志に沿って暮らしている。〈縁〉には多くの選択肢があり、各人がその都度、〈縁〉を選《え》り好《この》みしながら取り入れてきたのだ。

ほんの一例――。今から約五十年前に英国内科医師会が「喫煙歴と肺がん発生率には相関関係がある」という調査データを発表したとき、日本でも話題になり様々な意見や論評が飛び交った。しかし、この研究成果を本気で受け止めて禁煙に踏み切った人はそれほど多くなかった。

「あれはイギリスの医者たちの統計だから、黄色人種に当てはまるとは限らない」

「喫煙には精神的ストレスを鎮めて病気を予防する効果がある。メンタルな価値も重要だ」
「喫煙者の中にも長寿者がたくさんいる。自分も吸いつづけて長生きしてやるよ」

私はこの研究成果に加え、人体解剖を見学したとき喫煙で肺がモルタル色に変わることを知って「禁煙」を選ぶことにした。しかし長期喫煙者の友人たちは定年前から高血圧や心臓血管系の不調に悩み、慢性気管支炎や肺がん、喉頭がんでも苦しんだ。近年、死よりも、肺がんよりも恐ろしい病気とされるCOPD（慢性閉塞性《へいそくせい》肺疾患）も〝喫煙病〟の仲間に加えられた。

人は一生のうちに数々の縁に遭遇し、どの縁をどう生かすかによって人生が大きく変わる。中でも〈縁起の理法〉を心得た者は、〝成り行き〟任せには陥らず、きちんと〈縁〉を選んで暮らし方を変えてきた。これを〈自業自得《じごうじとく》〉と言う。自業とは、自らの行為である。

喫煙者が長生きしたい場合、一神教徒のように神に幸運を祈るのだろうが、仏教徒なら〝祈りの無効性〟を先刻承知している。「時代に即した見識」を持ち、「法を拠り所として自立して我が道を歩むこと」が期待されているのだ。その悠々たる姿を仏教では〈自由〉とか〈遊戯《ゆげ》〉と表現してきた。それぞれ「何ものにもとらわれず」「無邪気に遊び楽しむ」という意味だ。

西洋のことわざに「天は自ら助くる者を助く」というのがあるが、やはり〝祈りの無効性〟には気づいていたのだ。「何も努力しない者は神様も助けてくれないぞ」と脅かされれば、敵より先に攻撃を仕掛けようと考えるのも無理はない。一神教徒は、何かにつけて手が早い。

あとがき

どんな事業もイベントも、主役の頑張りだけでは成功しない。ユダヤ教の成立に重要な役割を果たしたのは、バビロン捕囚で強制連行された祭司エズラだったのではないかと思う。脇役による盛り上げがあってこそ、後世に残る業績が生まれるのだ。エズラは捕囚から数十年後、ペルシャから元の南ユダ国へ戻り、破壊されたエルサレム神殿の復興に尽力した。

この第二神殿の完工式の日、彼は多くの帰還民を前にして、すでに文書化されていた「モーセの律法の書」を朗読したが、さらに歴史資料の編修に努めた結果、紀元前五～四世紀ごろヘブライ語聖書の原形が出来上がった。しかし他民族から「天地の創造」などを借用して冒頭に付け加えられたのは、後のこととされている。

イエスがめざしたユダヤ教の改革は頓挫したが、十字架刑後の〝復活〟を信じて「神の子イエス」をキリスト教成立につなげたのは、ギリシャ語に通じた離散ユダヤ人のパウロであった。ローマ帝国の多くの属州で説いた「神の子イエスを信じれば、無条件で救われる」「最後の審判の日に全人類は復活する」という教義は、多神教の異邦人にも広く受け入れられた。

預言者ムハンマドを補佐してイスラーム国家の基礎を築いたキーマンは、マッカ時代からの教友アブー・バクルに違いない。ムハンマドはアラビア語の読み書きができなかったから、初期の啓示の文書化や条文の多いマディーナ憲章の草案作りには欠かせない存在であった。さらに預言者の死後は初代カリフとして、アラビア半島全域の秩序回復に手腕を振るった。

ゴータマブッダには優秀な弟子たちが大勢いたが、アーナンダ（阿難）がブッダの世話係を務めていなかったら、初期の経典は散逸していたかも知れない。彼はブッダ入滅後、口承仏典の編集会議で編集長として抜群の記憶力を発揮した。また「自らを拠《よ》り所とし、法を拠り所として生きよ」というブッダの遺言を引き出したのもアーナンダである。

一方、大乗仏教の基礎は〈空〉の理論を完成したナーガールジュナ（竜樹）と〈唯識論〉をまとめ上げたバスバンドゥ（世親）によって固められた。両者の多くの著作が漢訳されてアジア東端の日本にまで伝わり、一神教の「予定調和」や「定命」とは対極の「自由」と「遊戯《ゆげ》」の人生観・世界観を育んだのである。

ところでこの本も、ふしぎなご縁で花伝社から刊行されることになった。私の原稿が、たまたま聖書を読み直しておられた平田勝社長の目に止まったのだ。そして編集担当の近藤志乃さんの手で、たちまち本の形に整えられた。一連のお気遣いに心よりお礼を申し上げる。

二〇一二年一月

児玉　浩憲

主な参考書

『世界の宗教』岸本英夫編、原書房
『信じない人のための〈宗教〉講義』中村圭志、みすず書房
『世界の宗教がざっくりわかる』島田裕巳、新潮新書
『今知りたい世界四大宗教の常識』白取春彦、講談社
『ふしぎなキリスト教』橋爪大三郎・大澤真幸、講談社現代新書
『聖書』新共同訳、日本聖書協会
『イスラームとは何か』小杉泰、講談社現代新書
『イスラムの怒り』内藤正典、集英社新書
『イスラーム文化〜その根柢にあるもの』井筒俊彦訳、岩波文庫
『大人も子どももわかるイスラム世界の大疑問』池上彰、講談社
『コーラン』上・中・下、井筒俊彦訳、岩波文庫
『ギリシャ神話』吉田敦彦、日本文芸社
『はじめてのインド哲学』立川武蔵、講談社現代新書
『物理学と神』池内了、集英社新書
『無限に向かう科学と仏教』児玉浩憲、朝日クリエ、販売/ひたる舎
『親鸞入門〜念仏のダイナミズム』児玉浩憲、法蔵館
『初めて出会う「歎異抄」』児玉浩憲、朝日ソノラマ

児玉浩憲（こだま・ひろのり）

科学ジャーナリスト・仏教解説家
1934年和歌山県海南市の山寺に生まれる。京都大学大学院理学研究科でエコロジー（動物生態学）を専攻、1959年から朝日新聞記者。社会部・科学部・学芸部で科学や文化、医学や環境を担当。科学・医学雑誌の編集長、科学部長、編集委員を務めた。現在、『電気学会誌』編集顧問、朝日新聞社社友。
著書に『無限に向かう科学と仏教』（朝日クリエ、販売／ひたる舎）、『親鸞入門』（法蔵館）、『初めて出会う「歎異抄」』（朝日ソノラマ）、『ぐっすり眠れる快眠学』（PHP研究所）、『暮らしと健康の遺伝学』（新潮文庫）ほか多数。
横浜市在住。Eメール：madako@nifty.com

これならわかる一神教の世界——ユダヤ教・キリスト教・イスラーム

2012年2月15日　初版第1刷発行

著者　——児玉浩憲
発行者——平田　勝
発行　——花伝社
発売　——共栄書房
〒101-0065　東京都千代田区西神田2-5-11出版輸送ビル2F
電話　　03-3263-3813
FAX　　03-3239-8272
E-mail　kadensha@muf.biglobe.ne.jp
URL　　http://kadensha.net
振替　——00140-6-59661
装幀　——長谷川徹
印刷・製本—シナノ印刷株式会社

ISBN978-4-7634-0625-5 C0014